U0600207

基于学科核心素养的中学物理教学设计与案例研究

罗小成　陈泽勇　蔡　雨◎著

吉林大学出版社

·长春·

图书在版编目（ＣＩＰ）数据

基于学科核心素养的中学物理教学设计与案例研究 /
罗小成 , 陈泽勇 , 蔡雨著 . -- 长春 : 吉林大学出版社 ,
2022.12

ISBN 978-7-5768-1642-6

Ⅰ . ①基… Ⅱ . ①罗… ②陈… ③蔡… Ⅲ . ①中学物
理课 – 教学设计 Ⅳ . ① G633.72

中国国家版本馆 CIP 数据核字 (2023) 第 079236 号

书　　名　基于学科核心素养的中学物理教学设计与案例研究
　　　　　JIYU XUEKE HEXIN SUYANG DE ZHONGXUE WULI JIAOXUE SHEJI YU ANLI YANJIU
作　　者　罗小成　陈泽勇　蔡　雨　著
策划编辑　殷丽爽
责任编辑　殷丽爽
责任校对　安　萌
装帧设计　李文文
出版发行　吉林大学出版社
社　　址　长春市人民大街 4059 号
邮政编码　130021
发行电话　0431-89580028/29/21
网　　址　http://www.jlup.com.cn
电子邮箱　jldxcbs@ sina.com
印　　刷　天津和萱印刷有限公司
开　　本　787mm × 1092mm　1/16
印　　张　15.75
字　　数　270 千字
版　　次　2023 年 8 月　第 1 版
印　　次　2023 年 8 月　第 1 次
书　　号　ISBN 978-7-5768-1642-6
定　　价　72.00 元

物理学是人类认识自然、利用自然的基础学科之一。科学技术是国家强盛的核心竞争力，而科学技术人才是关键，物理学教育将为国家培养未来科学技术领军人才奠定基础。

物理学是基于观察与实验，研究物质运动规律和物质基本结构并建构物理模型，应用数学知识，通过科学推理、科学探究和科学论证，形成涵盖力学、热学、光学、电磁学、原子物理学等的理论体系。通过中学物理课程的学习，让学生形成物质观念、运动与相互作用观念、能量观念等，其次让学生具有建构模型的意识和能力，能运用科学思维方法，从定性和定量两个方面对相关问题进行科学推理、找出规律、形成结论，能用其解释自然现象和解决实际问题。因此，中学物理教学中教师不仅传授物理知识，更应培养学生的物理学科核心素养，帮助学生形成后续发展所需的必备品格和关键能力。

本书主要分为七章：本书第一章为物理学科核心素养，主要分为时代呼唤核心素养、物理学科核心素养的确立和物理学科核心素养教学目标确定三部分内容；本书第二章为教学设计概论，主要分为教学过程、教学设计、教学设计的理论基础和教学设计的一般模式四部分内容；本书第三章为物理概念教学研究，主要分为物理概念、物理概念教学模式、案例研究1速度变化的快慢与方向——加速度、案例研究2弹力、案例研究3向心力 向心加速度和案例研究4电势能电势 电势差六部分内容；本书第四章为物理规律课教学研究，主要分为物理规律、物理规律教学模式、案例研究1牛顿第一定律、案例研究2平抛运动、案例研究3磁场对运动电荷的作用——洛伦兹力、案例研究 4 楞次定律和案例研究 5 力的分解七部分内容；本书第五章为物理实验教学研究，主要分为物理实验教学、物理演示实验教学模式及案例研究、物理实验习题教学模式及案例研究和物理分组实验教学模式及案例研究四部分内容；本书第六章为习题教学研究，主要分为中学物理习题作用和类型、中学物理习题教学、选择题教学研究和计算题教学研究四部分内容；本书第七章为信息技术与物理教学，主要分为信息技术与教学融合、"互联网＋教育"模式下物理学科教学思考和线上线下融合式教学三部分内容。

在撰写本书的过程中，作者得到了许多专家学者的帮助和指导，参考了大量的学术文献，在此表示真诚的感谢！本书内容系统全面，论述条理清晰、深入浅出。

限于作者水平有不足，加之时间仓促，本书难免存在一些疏漏，在此，恳请同行专家和读者朋友批评指正！

作者
2022 年 9 月

目 录

第一章　物理学科核心素养

中华民族历来重视教育，1949 年 11 月，新中国仅成立一个月就组建了中央人民政府教育部。1949—1966 年期间，中国建立了从学前、中小学到大学教育和成人教育系统，实行全日制教育、业余教育等教育形式。从 20 世纪 80 年代开始，《中华人民共和国学位条例》《中华人民共和国义务教育法》《中华人民共和国高等教育法》等教育法律法规逐步建立并完善，教育法律体系健全促使"依法执教"的落实。20 世纪 90 年代开始，科技和教育站在了中国政府改革和发展的优先战略位置，"科教兴国"成为中国的基本国策，教育承担起了提高国民素质、培养创新精神和创造力人才的重要任务。

20 世纪 80 年代以来，中国教育经历了"全面改革教育体制—注重教育内涵式发展—办好人民满意的教育—教育大国走向教育强国"阶段。从教学目标的角度来看，中国基础教育课程改革发展经历了"双基"—"三维目标"—"核心素养下的学科核心素养"三个阶段，不同的阶段代表不同的侧重点和社会对教育的不同需求。

第一节　时代呼唤核心素养

近年来，中国素质教育蓬勃发展，至今已成为基础教育的主流趋势。素质教育概念从 20 世纪 90 年代在中国提出，到 21 世纪初上升为国家意志，进而成为国家教育改革战略主题。2014 年，中华人民共和国教育部为了落实中国共产党第十八次全国代表大会"立德树人"的根本任务，出台了《关于全面深化课程改革落实立德树人根本任务的意见》，提出研究各学段学生发展核心素养体系。核心素养明确学生应具备的适应终身发展和社会发展需要的必备品格和关键能力，也可以说是"知识＋能力＋情商"的集合体，核心素养的培养能够促使新时期素质教育目标更加清晰，内涵更加丰富。《普通高中物理课程标准（2017 年版）》明确提出物理学科核心素养，2020 年在 2017 年的基础上进一步修订完善，进一步明确了"培养什么人、怎么培养人、为谁培养人"的思想，要求立足基本国情遵循教育规律，凝聚人心、完善人格，加快推进教育现代化。根据中国学生发展核心素养要求和《普通高中物理课程标准（2017 年版 2020 年修订）》《义务教育物理课程标准》（2022 年版）精神，强调育人为本，要培养"德智体美劳"全面发展的人，教育应致力培养正确的价值观、必备品格和关键能力。

一、国家富强，科技是核心竞争力，人才是关键，中学培养核心素养是基础

人类通过认识自然、利用和改造自然不断向前发展，其中技术变革和创新是关键和动力基础。在认识自然中，有庄子"判天地之美，析万物之理"和"格物致知"对物理作用的描述。革命性的技术发展，多数来源于物理学的基础研究，如在牛顿力学和万有引力定律基础上发展的天体物理，人造卫星、宇宙飞船实现了人类飞天的梦想；相对论和量子力学的研究开创了微电子技术时代，半导体、电子计算机极大地方便了我们的生活；磁悬浮列车、高铁，甚至生命科学的发展也离不开物理学。

科学技术是第一生产力，科技强盛是国家发展的重要基础和战略保障。从"两弹一星"到载人航天、"蛟龙"探海、"天眼"探空，科技创新推动国家发展和民族进步，换来了民族的尊严和骄傲。而推动国家科学技术快速发展，需要培养具备核心竞争力的人才。高质量教育是培养人才的保证，《中国教育现代化 2035》指出，人才培养要大力发展核心素养。

从产业发展的角度来看，高新技术产业是竞争的核心和关键。根据《中国制造 2025》规划，信息技术、数控机床和机器人、航空航天装备、轨道交通等十大重点产业将是我国制造业新的增长点和发展方向，发展电子信息、装备制造、人工智能等产业集群需要大力培养青少年物理核心素养。

二、课程改革根本任务要落实立德树人，就要培养学生核心素养

新修订的初高中物理课程标准均以习近平新时代中国特色社会主义思想为指导，落实立德树人根本任务，依据"有理想、有本领、有担当"时代新人培养要求，

明确物理学科培养目标是培养和发展学生物理学科核心素养。

党的十八大强调"立德树人"的根本地位，2014年，习近平总书记在北京大学师生座谈会上指出，教育事业要"紧紧围绕立德树人的根本任务，加快构建充满活力、富有效率、更加开放、有利于学校科学发展的体制机制"。党的十八届三中全会后，政策目标表述转为"落实立德树人根本任务"。2016年，在全国高校思想政治工作会议中，习近平总书记强调，高校工作"要坚持把立德树人作为中心环节，主要解决培养什么样的人、如何培养人以及为谁培养人这个根本问题"。同时，具体阐述了新时代的人才标准，论述了立德树人与中华优秀传统文化、社会主义核心价值观的关系，还对立德树人的方式原则做了新补充，提出了协同、全程、全员、全方位育人等新的概念。

2019年6月，中共中央、国务院印发的《关于深化教育教学改革全面提高义务教育质量的意见》再次强调，落实立德树人根本任务，健全立德树人落实机制。国务院办公厅印发的《关于新时代推进普通高中育人方式改革的指导意见》明确提出："到2022年，德智体美劳全面培养体系进一步完善，立德树人落实机制进一步健全。"明确了健全立德树人落实机制的时间表。2019年8月，中共中央办公厅、国务院办公厅印发《关于深化新时代学校思想政治理论课改革创新的若干意见》提出："教育是国之大计、党之大计，承担着立德树人的根本任务。"党的十九届四中全会提出"完善立德树人体制机制"后，《教育系统关于学习宣传贯彻落实〈新时代爱国主义教育实施纲要〉的工作方案》等多部政策中体现了立德树人工作体系的构建和政策目标的完善，从而推动了立德树人落实力度的层层递进。

教育是国之大计、党之大计。深入推进课程教学改革，提升教育教学质量，培养具备核心素养的合格公民是当前教学的根本任务。国家强盛和民族复兴需要教育源源不断地培养一代又一代所需人才，长远布局就要夯实基础教育，落实学生学科核心素养培养。新高考选考及配套的"职业生涯规划"与人才需求对应，说明国家人才需求导向和人才有意识地引导培养已经进入基础教育。开展物理学科核心素养培养及研究，可以为国家重点行业引导、吸引人才，还可以促使教师有意识培养学生后续发展所需的关键能力和必备品格。另外，目标导向还有利于学生更早更全面去认清自己，在尊重学生选择权的基础上，教师可以给学生提供需要的评估和恰当的建议，也有利于人才的分层分类培养。同时，在OBE（outcome based education，成果导向教育）教育理念引领下，既可以让学生更加清楚学习目的从而提升学习动力，还可以增加教师的责任感和使命感、教学针对性，从而提高教学质量。

三、人本理念——尊重的教育，站在学生的立场思考教育教学

教育的首要目标就是培养"人"，培养社会主义事业的建设者和接班人，培养德智体美劳全面发展的人，培养担当民族复兴大任的时代新人。

人本主义的观点对教育发展影响重大，意义深远。人本主义起源于20世纪50年代，主要强调人的尊严和价值，主张教育应以学生为中心，教师只是学生学习的协助者和学习伙伴。随着时代的发展，逐步形成了把学生放在第一位，以学生作为教育的出发点，不断提高学生潜能的"以人为本"的教育价值取向。

中国共产党的教育方针是培养德智体美劳全面发展的人，而学科核心素养也是基于人的全面发展，因此是一脉相承的。具体如何落实学科核心素养呢？从学科教学的角度来看，至少要从课程和课堂两个层面进行推进和落实。从课程方面来看，教材编写要联系生产、生活、科技发展，跨学科应用，开发适合本校的校本资源，要打破学科本位、知识本位的固有观念，注重培养学生整合学科知识的能力和跨学科的学习能力。从课堂改革方面来看，重视学生主动学习和探究，培养具有合作精神、思辨能力和人文关怀的学生。以人为本，尊重个体差异，培养学生核心素养，具体操作思路和要求如下：

第一，强化以人为本教育思维，始终将学生看作制订教学目标的主体对象。

第二，设置相应教学课程时，着重强调学生在具体教学环节的核心位置。

第三，实际教学过程需充分凸显人文理念，基于以人为本优化教学评价体系。

随着时代的变化，对青少年的培养从学会知识到能力提升，再到人文素养，学会生存、学会学习、学会做事，学会共同生活，有正确的价值观，核心素养的培养正在逐步成为共识。

第二节 物理学科核心素养的确立

十年树木，百年树人。当今世界的竞争，实际就是人才的竞争，教育是决定一个国家竞争力的基础因素。时代越向前，教育在国家发展中的地位就愈发凸显。中华民族历来重视教育，党的十八大以来，习近平总书记把教育作为国之大计、党之大计。在科技高速发展的时代，人们想要很好地应对未来各个方面的挑战，就需要通过接受教育形成核心素养。核心素养能够为人们终身学习提供支持，能够为人们的工作、生活乃至整个社会的发展进步做出贡献。

一、核心素养概念界定

国内外专家学者对于"核心素养"概念有不同的阐述和解读，国外学者将其称之为"关键能力"，或者"二十一世纪技能"，这些表述的内涵与本质是基本一致的。在"关键能力"的基础上，我国学者创造性地提出"核心素养"这一概念。

"素养"一词我国最早出自《后汉书·卷七四下·刘表传》，在《现代汉语词典》中"素养"的解释是指"平日的修养"，理解为人们在生活中所表现出来的品格和涵养。经济合作与发展组织 1997 年提出"素养"并开始进行研究——"素养的界定与选择：理论和概念基础"（DeSeCo 项目），经济合作与发展组织通过研究将"素养"解读为"素养是个体在特定情况下能成功地应对复杂情境中的要求与挑战并获得成功及获得优质生活所需要的品质"。

国外对于核心素养的研究开始于 20 世纪末 21 世纪初，比较有代表性的是：联合国教科文组织"以终身学习为目标"的核心素养研究；经济合作与发展组织以"个体的成功生活与社会和谐发展为目标"的核心素养研究；以美国和日本为代表的"以能力为目标"的核心素养研究。

在我国，很多学者也在研究素养和核心素养，比较具有代表性的观点有：林崇德认为"素养"是指"个体在接受教育的过程中逐渐形成的知识、能力和态度等方面的综合表现"，重点在于"综合表现"也就是素养具有跨学科性及整合性；学者蔡清田在林崇德的观点基础上提出："素养"是"一种包括认知、技能、情感与态度的复合概念，是人的综合素养，特别是品德上的要求"①，同时他认为素养中最关键、最必要、居于核心地位的素养即"核心素养"；学者刘庆昌则认为"核心素养"必须突出"人文底蕴"和"科学精神"。

经过我国学者的科学研究和系统论证，认为核心素养是指学生应该具备的能够适应终身发展需要的必备品格和关键能力。中国学生发展核心素养以培养"全面发展的人"为核心，分为文化基础、自主发展、社会参与三个方面并确立了六大学生核心素养，如图 1-1 所示：

图 1-1　中国学生的六大核心素养

从教学目标的角度来看，可以认为"核心素养"是三维目标的凝练与升华，着重体现了"以人为本"的教育思想，是"面向全体学生、促进学生全面发展"的深化。

二、国内外对核心素养培养的研究

（一）国外核心素养研究情况

对于核心素养的培养研究，依照"核心素养"与"课程体系"的关联度关系

---

① 井涛，王鹏，王作华. 基于核心素养的中学生生涯规划教育体系的构建研究 [A]. 十三五规划科研管理办公室. 十三五规划科研成果汇编（第四卷）[C]. 十三五规划科研管理办公室，2018：827-833.

来界定，世界各国、地区的核心素养体系在教育教学实践领域的应用模式大致分为三类。

第一类，核心素养专项研究，逐渐与课程融合。核心素养由专门机构研究，研究独立于课程体系之外，然后逐渐实现核心素养与课程和教学相融合，最终达成核心素养教育目标的课程体系化，主要代表国家有美国、澳大利亚。

第二类，以核心素养框架来统辖课程，以核心素养框架来指导课程内容、组织与实施，形成融合核心素养培养的课程体系，主要代表国家是芬兰。

第三类，间接体现核心素养模式。学生发展核心素养没有单独体系，但是，国家课程体系的建构无意识地部分体现了培养核心能力和素养的宗旨，主要代表国家是日本和韩国。西方国家主要聚焦于课堂教学、课程方式来培养物理学科核心素养。

（二）国内对核心素养的培养研究

2014 年 3 月，教育部出台的《关于全面深化课程改革落实立德树人根本任务的意见》正式提出"学生发展核心素养"概念。2016 年 9 月，中国学生发展核心素养研究成果发布会在北京师范大学举行。2017 年，高中物理课程标准正式提出物理学科核心素养后，我国教育工作者的研究便主要集中在：①通过物理概念课来实施物理学科核心素养培养；②通过实验课来实施物理学科核心素养培养；③通过习题课来实施物理学科核心素养培养；④通过研究教学环节和教师行为来研究物理学科核心素养培养。从文献来看，我国教育研究者主要以课例的方式对课堂开展研究，也有部分研究者以项目的方式开展研究，主要研究在教学中培养学生核心素养的有效途径。

课堂是教学的主阵地，研究课堂对学生核心素养的培养无疑是非常重要的，因此研究课堂教学设计、课堂实施有非常重要的意义。

三、物理学科核心素养内涵

将"核心素养"与物理学科特点相结合，梳理国内学者对物理学科核心素养的研究，认同"以物理学观念培养学生人文底蕴，以物理科学思维方式方法培养学生理性思维，在探究过程中培养学生信息意识和实践能力，在参与学习过程中形成稳定的科学态度、社会意识和责任"[①]。物理学科核心素养是学生通过对物理学科知识的学习后内化而形成的具有物理学科自身特点的素养，是构成学生科学素养的重要成分。

物理学科核心素养由物理观念、科学思维、科学探究、科学态度与责任四个要素构成，如图1-2所示。

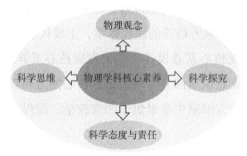

图1-2 物理学科核心素养

（一）物理观念

物理观念包含物质观念、运动观念、相互作用观念及能量观念等要素，是学生通过学习物理概念和物理规律等在脑海中的提炼和升华，是从物理学视角看世界，具体表现为运用物理思想、观点和方法看待、认识事物，处理和解决问题的意识和习惯。

要正确理解物理观念，首先需要理解并区别"事实""知识""观点""观念"四个概念之间的区别与联系。"事实"有两种含义，一个是指事情的真相，另一个是事情的确实所在。"知识"是储存在人脑中的，用于完成已习得任务的任何信息及其构成的各种复杂的网络结构。事实或对于事实的描述（概括）可以通过条理化、重组提炼后形成知识。知识一般可分为陈述性知识和程序性知识，知识是人类认识的成果，是在实践的基础上产生又经过实践检验，对客观现实的反映。"观点"是观察事物时的立场和出发点，可以理解为观点是表达一种信念、感觉、看法的陈述，其特点是：观点无须证明。在一系列相关的观点基础上经对其进行概括提升构成的体系，就是观念。观念是思想意识，是客观事物在人脑里留下的概括形象。总结起来，"事实""知识""观点""观念"四个概念之间的关系是：

① 孔维华. 核心素养视角下高中物理高效课堂的有效构建 [J]. 科幻画报，2022，（12）：20-21.

事实提炼后形成知识，知识支撑观念；事实支撑观点，多个观点概括提升形成观念，如图 1-3 所示。

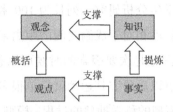

图 1-3　事实、知识、观点、观念关系图

物理观念是物理学中重要的科学概念，它不同于物理知识和物理概念，也不能简单地将三维目标中的知识和能力对标物理观念。物理知识是人类用物理的思想、观点和方法在描述和研究物质世界的变化规律过程中所获得的认识和经验的总和，是对物质世界的描述，由众多的物理事实组成的，包括物理概念、物理规律和物理理论等。物理概念是对于某一物理问题的描述或者解释，如加速度是描述物体速度变化快慢的物理量。物理观念通俗来讲就是"见物说理"，实际上就是从物理的视角看世界：将物理学具体知识与实际生活、实际问题相联系的意识，能从物理学的视角观察自然、解释相关自然现象、解决社会生活中实际问题。比如，要描述一个跑车的运动，从语文的角度和从物理的角度肯定是不一样的，物理的角度要强调研究对象、参照物、运动方向、运动性质和速度、加速度、功能关系等参数，如果学生能够系统地用物理语言来描述就说明学生具备了物理观念。物理观念是三维目标中知识与技能的提炼与升华，也是其他物理学科核心素养的形成和发展。物理观念是根植于人们的头脑中的，物理知识可以遗忘，但物理观念会长时间存在学生的头脑中，同时物理观念会一直影响其对于世界的看法、行为、解决问题的方式。

（二）科学思维

科学思维主要包括模型建构、科学推理、科学论证、质疑创新等要素。科学思维就是从物理的视角思考世界，具体来说就是从物理学的角度对客观事物的本质属性、内在规律和相互关系进行分析，即是在经验事实的基础上构建理想化物理模型的抽象的概括过程。

科学思维的基础就是建构模型，建模就是分析问题时抓主要因素而忽略次要因素，准确地把客观事物的本质属性和基本关系显示出来。模型化的思想可以简化问题，更加有利于人们更好地认识自然和发现规律。比如质点模型的建立，可以采用案例分析模式，让学生分析研究一列长为 100 米的列车从成都到重庆的平均速度，这个时候列车的长度相对于成渝之间的距离来说是否可以忽略，从而建立起当物体大小相对研究问题是次要因素的时候可以忽略物体大小而看成"点"的思想，当把物体看成质点以后研究其运动就简单很多了。建构模型就是构建能反映出其本质特征的理想模型的科学抽象的过程。模型分为对象模型和过程模型，如质点、点电荷、单摆、弹簧振子、传送带、重叠体、木板滑块等就是对象模型，如匀变速直线运动、匀速圆周运动等就是过程模型。模型建构有利于培养学生学习物理的研究方法，形成科学的抽象思维。

科学思维中非常重要的维度就是科学推理，科学推理包括演绎推理、类比和归纳推理，还包括比较与分类、分析与综合、抽象与概括，还有组合推理、控制变量、因果推理、概率推理、相关推理等推理形式。比如，在牛顿第一定律教学中，用力推物体，物体前进，放手后物体停下来，人们得出力是维持物体运动的原因。再进一步观察分析细节，放手后物体（小车）没有马上停下来，而是继续前进一段再停下来，分析小车停下来的原因是什么，从而合理推理如果没有摩擦力物体将会怎么运动，最后概括出力与运动关系的过程就是科学推理。

科学论证是对所获得的数据资料以科学知识为依据进行解释说明，并提出自己的论点。科学论证可以反思自己，也可以对他人的论点的不足提出反驳。

科学思维的高级阶段是质疑创新，质疑创新的核心是发展创造性思维与批判性思维。概括起来，培养学生的科学思维就是要让学生学会建模，能够进行科学推理，然后在科学论证的基础上，进行大胆的质疑与反思，敢于挑战与创新，并开展实践。

（三）科学探究

科学探究包含问题、证据、解释、交流等因素。具体来说，科学探究就是通过创设情境引导学生提出问题，学生依据已有知识和经验进行猜想和假设，然后制订计划进行实验，收集证据，对收集到的数据进行分析、讨论作出解释并得出结论，最后进行交流、评价和反思科学探究的过程与结果。有研究价值的问题往往来自质疑，信息化条件下学生获取知识比较容易，因此要引导学生关注知识的来龙去脉，这样有助于加深知识的理解。

针对生产生活中的物理现象，教师引导学生大胆猜想物理现象的产生原因，然后引导学生分析问题、搜集和处理信息再动手实验，根据证据得出结论并进行总结、反思。通过此过程让学生体验发现问题、分析问题、解决问题的过程，最终提高学生创新精神、实践能力。例如，高中《物理必修1》"力的合成"一节，可以由生活案例"两人抬水""一人提水"等效替代构建合力与分力概念，然后将上述案例用两个弹簧测力计和一个重物建模，提出问题"两个力的合成是不是直接相加"，学生读数否定直接相加结论，教师改变两个分力方向，引导学生猜想可能与力的方向有关，然后提供器材让学生设计实验方案，教师通过问题串"两次实验怎样体现等效替代？""做实验时怎么确定力的方向？""需要记录哪些参数？""做力的图示还是示意图开展研究？"引导学生思考方向，分解科学探究步骤，采用小步子原则，逐步推进，学生选标度作图，观察图像特征猜想可能是什么形状的四边形，作图对比初步猜想，然后借助拉力传感器 DIS 系统精准实验绘图精准验证、交流、总结出力的平行四边形定则。整个过程，遵循"提出问题—猜想假设—设计方案—实验—分析论证—评估—交流与合作"思路进行。

（四）科学态度与责任

科学态度与责任包含科学本质、科学态度和社会责任三个要素。

科学本质是引导学生正确看待"科学"，科学是可发展的、可创造的、多元化的，科学因为人类认识问题而具有时限性。比如，依据匀加速运动的公式进行计算可知，哪怕给物体一个很小的加速度，只要时间足够长，物体是可以加速到光速的，但是实际上是不可能的，因为在物体速度接近光速的时候牛顿第二定律不能用了。所以说，科学本质告诉我们科学是可以发展的，具有暂时性。

正确认识科学本质有助于培养学生的科学态度与社会责任，科学既然有可发展性，那么我们就应该实事求是，不迷信权威。在教学中，要培养学生尊重事实、实事求是的精神，理解和体会物理学家的伟大与不易，理解科学、技术、社会、环境的关系，爱生活、爱物理，形成正确的价值观。

总之，物理学科核心素养的四个要素具有综合性，相互关联，相辅相成，缺一不可；物理学科核心素养培养具有发展性，物理学科核心素养的培养是一个循序渐进且不断深化的过程；物理学科核心素养具有终身性，核心素养的提高需要人们的终身学习从而不断提高并适应社会和时代的发展。物理观念是物理学科核心素养的基础，科学思维和科学探究是关键能力，科学态度与责任是必备品质。

第三节　物理学科核心素养教学目标的确定

一、教学目标发展历程

近年来，核心素养成为教育界研究的重点，对学生核心素养的研究成为世界各国的重要话题。核心要素的培养成为教育界研究重点，也成为各个国家及地区制定教育目标、开展教学实践的依据。

基础教育改革从培养"基础知识、基本技能"的"双基"教学目标，到以"知识与技能、过程与方法、情感态度与价值观"的"三维目标"，再到新一轮课程改革的各学科"核心素养"教学目标。从"双基"到"三维目标"是转折与跨越，三维目标主张回归真实的知识学习，三维目标指的是教学目标的三个方面，不是独立的教学目标，是不同分割的整体。"知识与技能"是课堂教学的出发点和归宿，"过程与方法"是课堂教学的操作系统，"情感态度与价值观"是课堂教学的动力系统。从"三维目标"到"核心素养"是递进的关系，可以说"核心素养"是"三维目标"的深化。

"素养"是内在的品质，"核心素养"是素养中对于人发展最重要、最核心的部分，也就是必备品格和关键能力。"学科核心素养"指的是学生发展的学科素养，突出的是学科在促进学生核心素养的发展上的意义。核心素养是跨学科的，任何核心素养都不是一门课程单独完成的，不同学科对核心素养的发展有其共性贡献和特殊贡献。

物理学科核心素养主要强调的是从物理学的角度看世界、思考世界，物理观念是物理学科核心素养其他方面的基础，科学思维和科学探究是关键能力，科学态度与责任是必备品质。

二、三维目标到物理学科核心素养教学目标

过去很长一段时间，人们依据学科逻辑确定课程教学内容，注重知识内部的整体性和逻辑性，不重视学生的接受能力和兴趣培养。根据培养核心素养的教育理念，课程内容和教学目标的确定将从单纯地以学科知识体系为依据，转向兼顾知识在核心素养培养上的意义，这样对学生后续发展更为有利。因此，教师在确定教学目标及重点、难点时，不能一味只考虑重点知识和难点知识，如果物理思维方法、科学探究过程对学生后续发展意义重大也可以确定为教学重点。

核心素养培养是教育的出发点，也是教育的归宿。就课堂教学而言，教学目标是一堂课的方向，也是评价教学质量的依据。教师在教学设计时，首先要确定教学目标，物理学科教师就是要确定本节课对应的物理学科核心素养培养目标。物理教师在确定教学目标时，要注意领会新课程改革和新课标理念，可具体结合以下三点：

（1）教学目标的主体是学生。不宜出现"使学生……""让学生……"类似描述，这种描述是以教师为主的。描述的变化不是简单的人称变化，而是教师观念的改变。从教学设计的角度来看，重点关注的就是学生"如何学"，而不是原来的重点设计"如何教"。

（2）教学目标要是具体的描述，要有可操作性，课后便于评估。教学目标尽量用可以量化的指标体系，在书写的时候可以参考物理课程标准来写。例如，对高中《物理必修1》"牛顿第一定律"的物理观念可以这样描述：掌握牛顿第一定律，能够运用牛顿第一定律解释相关现象；理解惯性是物体的固有属性，知道质量是惯性大小的量度。

（3）确定教学目标，主要依据物理课程标准和教材，也可以参考教学参考书、考试大纲、教学辅导等。课程标准主要构建知识体系，描述主要的知识点，对于某一节更多要依据教材分析及课后应用（学生需要）去确定教学目标。

物理课程标准中的"课程内容"章节对物理各部分知识有专门的"内容要求"，但是相对比较简明扼要，重在构建框架、体系。从《普通高中物理课程标准（2017年版2020年修订）》来看，高中《物理必修1》"机械运动与物理模型"部分课标要求如下：

1.1.1 了解近代实验科学产生的背景，认识实验对物理学发展的推动作用。

例 1 了解伽利略的实验研究工作，认识伽利略有关实验的科学思想和方法。

1.1.2 经历质点模型的建构过程，了解质点的含义。知道将物体抽象为质点的条件，能将特定实际情境中的物体抽象成质点。体会建构物理模型的思维方式，认识物理模型在探索自然规律中的作用。

例 2 通过质点模型、太阳系行星模型等实例，体会物理模型在物理学研究中的意义。

从上述内容要求来看，以教科版高中《物理必修 1》第一章第一节"质点 参考系 空间 时间"教学目标设计为例，课标中描述就是对应"1.1.2"一段内容，描述的是对"质点"概念的建立要求及"思想方法"，教材中"参考系""时间""空间"没有明确描述，这就要教师根据教材前后联系来确定其教学具体化目标，如时间可以确定为"能区别时间和时刻，知道在时间轴上时间是一段，时刻是一个点"，能区分时间和时刻后，再结合"平均速度对应一段时间，瞬时速度对应某一时刻"，学生就能区别"前 3 秒的速度""第 3 秒的速度""3 秒末的速度"这三种说法的差异了。

对照《义务教育物理课程标准（2022 年版）》，"物质"部分课程标准要求如下：

1.1 物质的形态和变化

1.1.1 能描述固态、液态和气态三种物态的基本特征，并列举自然界和日常生活中不同物态的物质及其应用。

1.1.2 了解液体温度计的工作原理。会用常见温度计测量温度。能说出生活环境中常见的温度值，尝试对环境温度问题发表自己的见解。

例 1 尝试对温室效应、热岛效应等发表自己的见解。

1.1.3 经历物态变化的实验探究过程，知道物质的熔点、凝固点和沸点，了解物态变化过程中的吸热和放热现象。能运用物态变化知识说明自然界和生活中的有关现象。

例 2　能运用物态变化知识，说明冰熔化、水沸腾等现象。

例 3　了解我国古代的铸造技术，并尝试运用物态变化知识进行解释。

1.1.4　能运用物态变化知识，说明自然界中的水循环现象。了解我国和当地的水资源状况，有节约用水和保护环境的意识。

对比高中物理课程标准与初中物理课程标准，抽取其中共同常见关键词，如表 1-1 所示：

表 1-1　物理课程标准部分行为动词对应教学目标

关键词	含义	对应教学目标
了解、知道	再认、识别	知识目标，物理观念
认识	记忆或思维，认知活动	
理解	把握内在逻辑关系，能顺着脉络进行剖析，能建立联系，解释、推理、区别	
应用、会、能	在新情境中使用；推广	技能目标，物理观念
经历、通过	从事相关活动，建立感性认识	过程与方法，科学思维
探究	表达感受	科学探究
领悟、形成、养成、具有、体会	具有稳定态度	科学态度与责任

从三维目标到物理学科核心素养，有人简单地将原来的三维目标直接"代入"物理学科核心素养，具有一定的可操作性，但是不够严谨。其操作模式大体是：将"知识与技能"代入"物理观念"；将"过程与方法"代入科学思维，涉及探究则代入"科学探究"；"情感态度与价值观"代入"科学态度与责任"。这种操作模式对一线教师具有较好的可操作性，但是"技能"部分实际上有些是"科学思维"的，因此还是需要进一步细分。

以高中《物理必修 2》"机械能及其守恒定律"为例，课程标准描述如下：

2.1.1 理解功和功率。了解生产生活中常见机械的功率大小及其意义。

例 1 分析物体移动的方向与所受力的方向不在一条直线上时，该力所做的功。

例 2 分析汽车发动机的功率一定时，牵力与速度的关系。

2.1.2 理解动能和动能定理。能用动能定理解释生产生活中的现象。

例 3 根据牛顿第二定律推导出动能定理。

2.1.3 理解重力势能，知道重力势能的变化与重力做功的关系。定性了解弹性势能。

2.1.4 通过实验，验证机械能守恒定律。理解机械能守恒定律，体会守恒观念对认识物理规律的重要性。能用机械能守恒定律分析生产生活中的有关问题。

关于机械能守恒的描述是"2.1.4 通过实验，验证机械能守恒定律。理解机械能守恒定律，体会守恒观念对认识物理规律的重要性。能用机械能守恒定律分析生产生活中的有关问题。"其中，"能用机械能守恒定律分析生产生活中的有关问题"是技能目标，其"分析"关键词就包含在"科学思维"中。

概括起来，从"三维目标"到"物理学科核心素养"教学目标的关系如图 1-4 所示：

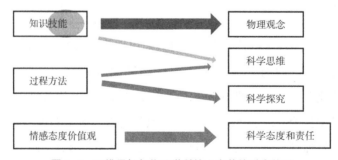

图 1-4   三维目标与物理学科核心素养的对应关系

经过培训和课程改革的实施推进，多数教师将物理课程标准"内容要求"对应"三维目标"相对容易。教师在厘清三维目标与物理学科核心素养关系以后制订教学目标也就容易操作了。

第二章　教学设计概论

第一节　教学过程

一、教学

（一）教学的概念

在中国古代文献中，"教"与"学"是各自独立的单字，从字形分析"教"是"学"派生出来的，"教"有教诲、教化、教授等含义。"教学"最早出现在《尚书·兑命》，"教学"一词包括"学"与"教"，先有学，后有教。从行为上来看，学是指学习者通过与环境相互作用，改变自身能力的行为；教是指教者帮助学习者的行为。

根据《现代汉语词典》解释，教学是教师的教和学生的学所组成的一种人类特有的人才培养活动。狭义的教学特指师生课堂上的双向互动，广义的教学除了包括课堂上的教学，还包括教师的课前准备和课后的作业批改、评价、补救等教学活动。通过教学活动，教师有目的、有计划、有组织地引导学生学习和掌握科学文化知识并逐步形成能力，促进学生素质提高，使他们成为社会所需要的人。从解释来看，教学有知识、能力、素养提升、价值观等多个维度的培养任务。

（二）有效教学

1.有效教学概念

根据新课标"学为中心"理念，教学是否有效其评价标准是学生是否有效学习，最终核心是看教学后学生的进步和发展。从课堂教学的评价来看，就是考查学生知识的内化程度，外显就是学生知识的"过手"和"落地"，是否能够应用所学知识解决实际问题，长远目标就是核心素养的形成和提升。

简而言之，有效教学是指教师遵循教学活动的客观规律，以促进学生的学习与发展为目的，以尽可能少的时间、精力和物力投入取得尽可能多的教学效果，从而实现特定的教学目标满足社会和个人的教育价值需求的教学活动。课堂教学是一个双边活动过程，应营造一个宽松和谐、积极上进、兴趣盎然的课堂氛围，调动学生的主动性，真正成为课堂学习的主人，达到有效教学。

有效教学需要创设情境，形成问题，调动学生的好奇心和求知欲，让学生在求知中有获得感，满足学生被关注、被赏识、被认同的心理需求，形成正向激励。

2. 有效教学特征

（1）有效教学着重于学生的进步和发展。有效教学应立足于"为了每位学生的发展"，关注每一个学生的进步与发展。教学是否有效，关键看学生的学习效果，看学生对自身学习和教师教学的满意程度，看学生是否有继续学习的意愿。

（2）有效教学关注教学效益。评价教学效益，不是看教师做了什么或做了多少，而是看学生学到了什么。学生每天可用于学习的时间是有限的，有效教学必然是高效教学。部分教师错误地以为自己在课堂上讲得越多，教学效益就会越好。如果教师"教"的时间远远超过学生"学"的时间，便会很大程度阻碍学生主体作用的发挥，大大降低课堂教学效益。如果学生"不想学"或者"学而无获"，即使教师再辛苦也是无效教学；如果学生学得"很辛苦"，但是没有得到应有的发展也是无效或低效教学。

（3）有效教学关注教学过程。教学过程应是教师和学生共同活动的过程，学生是课堂主体，教师是课堂主导。根据新课程改革要求，在教学中要注重过程与结论的统一、过程与方法的统一。现代教学论注重知识发生及发展的过程，强调知识的自然生成，强调学生探索知识的经历与获得新知识的体验。因此，教师在教学中要创设情境促使知识的生长和生成，积极引导学生抽象事物本质属性建立概念、寻求事物规律、挖掘本质，促进核心素养的形成与发展。

（4）有效教学要求教师具备反思的意识。作为一名教师，反思是提高教师自身素质和提高教育教学水平的重要途径。在新课程背景下实施有效教学，必然要求教师做一个有反思力的教师。叶澜教授有一句著名的话："一个教师写一辈子教案不一定成为名师，如果一个教师写三年教学反思，就可能成为名师。"每一名教师需要不断地反思自己的日常教学行为：我的教学有效吗？有没有比我更有效的教学？我的教学还有哪些地方可以优化？教师要不断地反思，实践，再反思，再实践，这样才能更好地提升教师自我的专业素养和教学水平，从而促进有效教学的实施。

（三）特殊的认识过程

教学过程是特殊的认识过程，既有使学生学会做人、学会生存、学会学习、学会发展的育人功能，还有促进学生全面发展的功能。根据建构主义理论，教学过程就是促进学生认知结构不断变化的过程，学生依靠他人的实践，依靠语言及其他信息工具来获取和接受知识。

课堂教学的基本步骤有：导入新课—新课教学—巩固练习—归纳小结—作业布置。教学过程的特征有以下三点：

（1）直接性和间接性的统一。学生学习主要是学习间接经验，但是间接经验必须以学生个人的直接经验为基础，通过同化和顺应来实现。

（2）自主性和指导性的统一。学生是课堂的主体，教师是课堂的主导。教师调动学生的学习主动性是教师开展有效教学的前提和关键，发挥好教师的主导作用是学生高效的学习知识和发展身心的必要条件。

（3）认识性和发展性的统一。学生通过学习知识来促进智力的发展，智力的发展支撑知识的掌握；引导学生对所学习的知识产生积极的态度促使学生思想提高，思想提高又可推动学生积极地学习。

二、物理教学

（一）物理教学及分类

狭义的物理教学指"教"物理和"学"物理的师生互动教学活动全过程。广义的物理教学过程不仅是一个传授物理知识和技能的过程，而且是一个育人的过程；通过物理教学培养学生从物理学的视角看世界和思考世界，建构自然界的物理图景，引导学生经历探究过程，培养学生科学研究基本方法，增强创新意识和实践能力；引领学生认识科学的本质，形成严谨的科学态度和正确的价值观，为做有社会责任感的公民奠定基础。

一般将物理教学按照课型分为物理概念教学、物理规律教学、实验教学、习题教学、复习教学、课外实践教学等类型。

1. 物理概念教学

物理学是由物理概念、物理规律（定律、定理、原理）组成的实验学科，物理概念和规律构成物理学科重要框架。教师应创设情境，帮助学生通过学习"自动生成"物理概念，通过现象或过程分析总结出物理规律，进而逐步形成从物理的视角看生产生活中的问题（物理观念），引导学生分析、建模、推理、归纳概括（科学思维），探究事物规律（科学探究），培养科学研究的精神和严谨态度、社会责任感。

物理概念教学的要求如下：

（1）重视概念的建立：明确建立物理概念的事实依据和研究方法，创设概念建立相关情境，启发引导，抽象出概念的本质特征。

（2）重视物理概念的理解：解读物理概念的内涵，注意文字描述的准确严谨，如果物理概念对应物理量还要注意其物理意义，公式，矢量、标量，过程量、状态量等区别。

（3）重视概念的关联学习：了解物理概念外延，知道物理概念与相关概念的联系与区别。

（4）学以致用，在运用中加深理解和形成运用技巧：能运用概念解决实际问题。

2. 物理规律教学

物理规律教学是物理教学中的重点，物理规律是物理概念之间的一定关系的语言逻辑表达或者数学逻辑表达。从认识论角度来看，先由观察、实验提供物理事实，在这些经验事实的基础上，进行推理和归纳，可以获得物理规律，然后建构物理理论系统，将物理规律置于理论之中。

物理规律教学要研究物理规律得出的历史过程，明确物理规律建立的事实依据、研究方法，理解物理规律意义，知道物理规律适用条件和范围，学会用物理规律解释物理现象、解决实际问题。

物理规律教学一般流程为：创设物理情境，形成科学问题；实施科学探究，促进知识构建；讨论物理规律，理解物理意义；使用物理规律解决习题与部分实际问题。

3. 实验教学

实验是物理学科的重要基础，物理实验教学就是物理教学的基础。中学物理实验教学一般分为：演示实验、学生分组实验（学生必做实验）、课外实验（研究性学习或科创）等。

实验教学要注意实验的科学性、安全性、可重复性，以及实验的直观性和可视性。演示实验是以教师操作示范为主的实验，目的是将实验现象展示给学生，引导学生观察、思考，通过分析、规律抽象物理概念和发现物理规律，或者通过演示为学生实验探索创造条件。学生分组实验是指学生在教师的指导下，在实验室或教室中分组进行实验的教学形式。分组实验中学生亲自动手，分工合作，设计实验、观察、测量、获取数据并分析、总结并形成结论，这一过程是培养学生实验技能、团队精神和科学素养的重要环节。课外实验是物理教学的有益补充，可以通过物理兴趣小组，以研究性学习或配合科创活动开展。

4. 物理习题教学

习题可以帮助学生加深对知识的理解，巩固所学知识，帮助学生建立解决问题的思路，获得解决问题的正确方法，促进知识的迁移和能力的形成。同时，习题也是物理教师获取教学反馈的重要手段。

物理习题主要包括选择题、实验题、计算题，另外还有填空题、作图题、判断题、论述题等，不同题型的教学思路有一定的差异性。

习题教学的共性思路为：复习相关知识点；教师示范举例；学生针对练习；总结提炼形成解题基本思路、技巧。习题教学要注意：习题的目的性；根据学生实际情况分层设计和布置；精选，注意代表性和典型性；题量适当；及时批改反馈和评讲。

5. 复习教学

物理的复习课一般分为平时复习和阶段复习（章节复习、期中复习、期末复习）、毕业总复习（高三、初三复习）。

平时复习包括放在新课前的复习、巩固新课的当堂复习、学生的课后复习等。阶段复习主要是构建知识体系、突出重点，梳理题型和模式，针对性训练，检测反馈后的补充性重构。总复习一般分为知识梳理的一轮复习和综合运用的二轮复习及针对性的专题复习等。

复习教学要注意：适时性，遵循遗忘规律科学设置和开展；系统性，注重知识体系建构；科学性，遵循教育规律。

6. 课外实践教学

课外实践课是指物理课堂教学之外的，与物理相关的有目的、有机会、有组织的各种学习活动，包括课外观察、课外小实验、物理竞赛、研究性学习，以及相关联的科创活动等。物理课外实践课活动方式多样，可以很好地调动学生的学习积极性，培养学生的团队精神和科学素养。物理课外实践课也可以与目前比较热门的校本研修结合，可以以项目、课题的方式驱动，也可以与高校、科技馆等相关机构联合开展活动。

课外实践教学相对课堂教学要更多地发挥学生的积极性和主动性，教师主要是引导和引领，将组织、讨论、动手等都大胆给学生，教师参与学生讨论中给学生提供建议和意见，强调安全。

（二）物理教学过程

一直以来，人们都认为物理难，"教师难教，学生难学"，为什么会形成这个观点，并且很多人都认同这个观点呢？要解决这个问题，有必要从物理教学和学生学习角度进行研究、分析。

1. 学生物理学习过程的认识

（1）关于学习动机的问题。从教育科学的角度来看，学生的学习动机分为内部动机和外部动机。内部动机是学生对物理学科本身的兴趣，来源于学生对物理有强烈的好奇心和求知欲，有探究物理世界的欲望，并通过不断取得"成功"而强化其动机。外部动机是学生由外部诱因而引起的动机，如来源于家长、教师及国家的期望；将来工作及生活的需要；班集体的荣誉感；学业成绩排名；振兴中华的远大理想等。

针对两类学习动机，可以让学生明确学习物理的目的和意义，进行人生远景规划和近期目标规划；肯定学生的阶段性成就，开展过程性评价和激励性评价；开展团队有益性的竞争；定期开展物理学习经验交流。

（2）物理学习过程阶段分析。学习过程是指学生在教学情境中通过与老师、同学及教学信息的相互作用而获取知识、技能和态度的过程。19世纪，德国教育家赫尔巴特将学习分为：明了、联想、系统、方法四个步骤，后续被发展为"准备和提示""比较和抽象""概括""应用"。在我国,学习通常被划为动机、感知、理解、巩固和应用五个阶段,教师有必要对各个阶段进行研究,为学生提供必要的支持和帮助。

物理学习过程是一个整体,也是一个相对复杂的过程,有中学教师将学生在学习过程中的外显分为几个"台阶",通过听课、解题、考试分层,如图 2-1 所示。

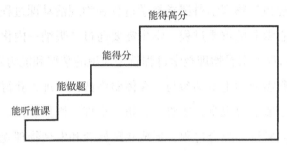

图 2-1 物理学习台阶图

很多学生在物理学科学习过程中处于一个很特殊的状态,就是"能听懂课,但是不会做题",跟学生沟通时学生表现出无比着急和郁闷。出现这种情况,实际就是由于学生对物理概念和规律理解不到位,缺乏实际应用能力。但是怎样增加"理解",让自己能够"灵活运用",很多学生找不到好的解决方案。这个时候教师的引导、示范,学生模仿、尝试、交流、讨论、总结就非常重要和关键了。

(3)物理学习理念。物理学习与一般学习有相同点,也有其自身特点:

首先,学习对象是物理世界——物理现象、物理事实、物理概念、物理规律及物理模型、思想方法等;

其次,物理学科以实验为基础,观察、分析、概括必不可少;

最后,科学研究的方法及物理概念、规律的形成过程也是学习内容,此过程伴随严谨的科学态度、社会责任感而生成。

物理学习可以分为有意义的接受性学习和有意义的探究性学习。有意义的接受性学习是指有目的、有价值、理解地接受间接经验和知识的学习过程。学习内容以定论的方式呈现给学生,学生积极主动地将知识纳入原有认知结构(同化),或改造原有认知结构建构,建构新的认知结构(顺应)。其学习过程为:呈现材料—感受—理解—掌握—应用。其教学过程为:启发引导—点拨讲解—练习—归纳小结。有意义的探究性学习是指将内容以问题的方式呈现给学生,让学生主动探究形成结论，并主动纳入自己的认知结构的过程。学生可以以科学研究的方式进行学习，也可以以问题解决的方式进行学习，或者以自主探究的方式学习，或者以专题研究的方式学习。通过有意义的探究性学习，学生获得知识与技能，训练科学方法，发展能力，培养科学态度和责任。

2. 物理教学过程的认识

物理教学过程包括物理学科课堂教学过程和物理活动课过程，是学生形成和发展物理学科核心素养的重要过程。学生需要通过"吸纳—内化—外化"三个环节，从以人为本的观点来看物理教学过程就是知识的掌握和能力发展的辩证统一。

物理教学过程需要学生主动参与，在体验中认识物理，获得物理经验和数理逻辑经验。物理学家通过观察、实验、分析、推理、概括、预言等基本方法，经历模型建构、实验验证等综合过程，形成物理概念和发现物理规律。物理学家的全部经验源于观察、实验、推理等思辨活动，因此学生不经历类似的探索过程就难以获得物理经验和数理逻辑经验。

物理教学过程不是单向地"传授知识与能力"，不能只重视物理概念和规律本身，更应该重视物理概念和物理规律的形成及其联系，注重怎么掌握知识和知识怎么转化为能力，简而言之就是物理教学过程既要促进学生的认识，更要促进学生的发展。物理教学过程要从"多讲、多练、多复习、多考核"模式逐步过渡到重视学生的内部诱因，重视知识的构建，精讲精练。

物理学习多数以掌握间接经验为主，教学过程要引导学生认识的方向，避免盲目性，节省精力和时间。学习间接经验必须以直接经验为基础，因此教师要通过实验等方式给学生提供感性经验，启发引导学生通过同化或顺应建构新的物理认知结构。

三、物理教学原则

（一）教学原则概念

教学原则是根据教学过程的客观规律和教育目的而制定的，是在整个教学活动中必须遵循的依据和基本准则。教学原则不是一成不变的，它会随着社会制度、科技发展及人们的认识水平发生改变。

（二）物理教学的三项原则

物理教学必须以学生发展为本，引导学生积极主动参与物理教学全过程，在注重基础的同时，强化创新和实践能力提升，强化学生学科核心素养的培养，保证学生可以"可持续发展"。物理教学原则的研究具有代表性的是许国良主编的《中小物理教学法》、阎金铎主编的《中学物理教学概论》、廖伯琴主编的《物理教育学》和李来政主编的《现代基础物理教育学》物理教学原则概括起来大致有以下三点：

1. 以学生发展为本，提升学生核心素养

教学中要贯彻以学生发展为本的原则，就是要面向全体学生，体现教育的平等性。教学过程中教师可以让学生了解教学意图，引导学生主动参与教学全过程，自觉完成学习任务。教学过程中，要加强科学方法和物理技能的训练，有意识地引入物理方法，发展学生科学思维；要注重学科教育，将课程思政无痕地融入课堂教学中，提升学生科学态度和社会责任。

2. 科学性、教育性、艺术性相结合

物理教学中，从内容到方法都不允许有科学性的错误；教学要符合学生的身心健康发展，建构物理知识，掌握科学方法；充分挖掘物理学的内在美，展现教师的语言艺术、情感表达艺术、启发思维艺术、组织教学艺术，让学生在学习物理知识的同时受到美的熏陶。

3. 物理、技术、生活相关联

物理教学应该注重联系生产生活实际，从生活走向物理，从物理走向社会。近年来，STS（科学、技术、社会）教育、STEM（科学、技术、工程、数学）教育引起了广大教育工作者的高度关注。学生所接受的物理教育应该与学生接触或即将接触的科学技术发展和社会发展相适应。

物理教学中要重视物理知识在生产技术和生活中的应用，强调所学物理知识的实用性和社会价值，注意物理教学内容与新技术和现代生活的联系。引导学生关注社会生活中的重大问题，如能源问题、交通问题、通信问题、人工智能等，将其与物理知识相关联，既可以加深学生对知识的理解，也可以增强学生的社会责任感。

第二节　教学设计

一、教学设计及教学设计的意义

（一）教学设计概念

教学设计从不同角度分析有不同的定义，从结果角度看教学设计就是要形成一个针对某一教学任务或问题的解决方案或计划，从程序的角度看教学设计就是要形成一个针对某一教学目标的操作流程，从技术角度说教学设计就是促进教学活动程序化、精细化、合理化的现代教学技术。

概括起来，教学设计就是以优化教学效果为目的，以教育教学理论思想为指导，根据教学目标和学生实际，运用系统化的方法，确定解决课堂教学问题的方法和途径，并对教学结果进行评价的计划过程。

（二）教学设计的意义和作用

（1）教学设计有利于提升教师的专业素养。教学设计将教学原理转化为教学材料和活动计划，确定教学目标并且规划怎样达成教学目标，解决教师"怎么教"及学生"怎么学"的问题。教学设计一方面促使教师认真学习相关理论，另一方面促使教师优化知识结构，不断总结经验，提升教育教学专业能力。

（2）教学设计是教学活动不偏离教学目标的保证，有助于教学工作科学化和系统化。教学设计以系统化方法为指导，分析问题与需求，确定解决问题的优化方案和流程，教师按照流程开展教学确保教学目标的顺利达成。

（3）教学设计提供了教师交流和反思的资料，有助于教师之间的资源共享。良好的教学设计不仅包括教学实施方案也能体现教师的教学理念，教师间可以通过教学设计相互交流。通过教师间的交流和自身的教学实施，可以促使教师反思、修改、优化教学设计。

二、教学设计模式

教学设计经历几十年的研究和发展，教学设计模式以多达数百种，不同模式适用情境也存在差异性。

早期比较具有影响力的是"以教为主"的肯普模式，他将教学设计着力于解决"教学目标、学习者特征、教学资源、教学评价"的"四个基本要素"，以及"学习者必须学习到什么、如何教学、如何评价"的"三个主要问题"。肯普模式以行为主义学习理论为基础，教师是教学过程的控制者和主导者，可操作性强。

史密斯和雷根继承和发扬前人的优点，然后提出了自己的教学设计模型。

（一）史密斯 - 雷根教学设计模式

史密斯 - 雷根教学设计模式分为三个阶段：分析、策略、评价，具体如图 2-2 所示：

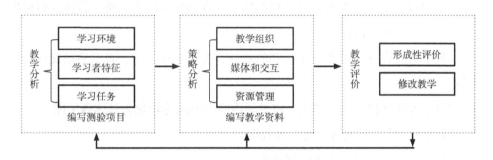

图 2-2 史密斯 - 雷根教学设计模式

在第一阶段教学分析主要是：分析学习环境、学习者特征、学习任务（教学目标、教学内容）；第二阶段策略设计主要是设计组织策略、传递策略、管理策略、设计教学材料；第三阶段是教学评价，对教学过程进行修正。史密斯 - 雷根教学设计模式内容充实，结构简洁合理，便于操作。

（二）我国的几种教学设计模式

教学设计理论于 20 世纪 80 年代传入我国，受到我国课程与教学论等领域专家和学者的普遍关注，产生了一些有影响的教学设计模式。

1. 张祖忻等人的教学设计模式、

张祖忻等人认为，教学设计即教学系统设计，是一种实施教学系统方法的具体可操作的程序，如图 2-3 所示：

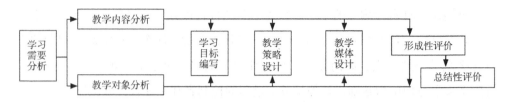

图 2-3　张祖忻等人教学设计模式图

"学习需要分析"主要解决：教学目标是什么？开展教学具备哪些条件？

"教学内容分析"主要解决：课程总目标分解为单元目标，根据单元目标确定学习任务，知识与技能。

"学习目标编写"主要解决：根据学生起点和教学内容分析，将单元目标进一步分解成一系列子目标。

"教学策略设计"主要解决：课的划分，教学顺序安排，教学活动设计，组织形式。

"教学媒体选择"主要解决：将教学内容和方法等转化为具体施工图。

"教学评价"：具有可行性，有效性。

2. 徐英俊等人的教学设计过程模式

徐英俊等人在我国中小学课堂教学现状的基础上提出教学设计模式，分为三个阶段、八部分内容，如图 2-4 所示：

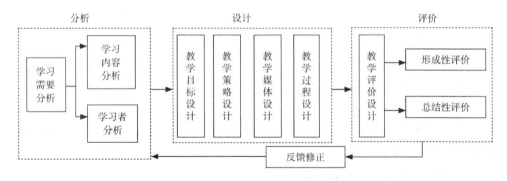

图 2-4　徐英俊等人教学设计模式图

3. 余胜泉等人的建构主义教学设计模式

建构主义强调学生不是知识的被动接受者，而是知识的主动获取和建构者。建构主义教学设计强调以问题为核心驱动学习，强调以学生为中心，强调构建真实有利的学习情境，强调协作学习，强调非量化的整体评价。

余胜泉等人依据建构主义理论，明确提出了构建学习资源、认知工具和学习策略的设计，具体流程如图 2-5 所示：

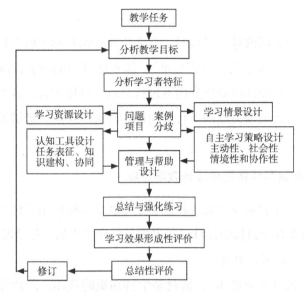

图 2-5　余胜泉等人的建构主义教学设计模式图

建构主义教学设计充分重视学生的主动性和建构性，有利于学生主动探索、主动发现，有利于培养创造型人才。建构主义教学设计由于过于强调学生的学，可能容易忽视教师主导作用的发挥，忽视师生情感交流和情感因素对学生学习的重要作用，另外也可能出现学生学习自由度过大偏离教学目标的问题。

三、课堂教学目标设计及案例

现代教学理念不仅要关注学生学科知识的获得，更要关注学生能力的提升，物理学科就是要培养学生物理学科核心素养，教学目标设计就应该从物理观念、科学思维、科学探究、科学态度和责任四个维度进行描述。物理观念一般是结果性目标，一般用行为动词"了解""认识""理解""应用"等关键词，其他三个目标一般是过程性、体验性目标，一般用"通过""经历""探究""养成"等关键词。

（一）依据课程标准初步确定教学目标

课程标准是教师实施教学的重要依据，因此教学目标设计首先要看的是物理学科的课程标准。课程标准不仅规定了课程总目标和各阶段目标，还提出了教学、评价等建议。

教师在设计一节课的教学目标时，首先要理解课程标准的总目标和理念，然后重点要读懂课程标准中的"内容标准"。课程标准中的内容标准是对模块（章或板块）而言的，在操作时要将其内容进行分解。具体而言，首先要梳理和构建学科知识体系，其次依据关键词（行为动词：知道、了解、理解等）确定教学目标的层次要求。

（二）依据教材和学情初步设计教学目标

教材是教学设计的重要基础资料，学生是教学目标的主要研究对象也是教学活动的主体，因此教学目标的设计必须考虑教材和学生的具体情况。

1. 依据教材设计教学目标

教材又称"教科书或课本"，教材是学科知识的载体，因此分析教材确定教学目标尤其重要。

对于确定物理教材某一节的教学目标而言，课程标准表述显得相对简略，很多时候需要依据教材内容分析来确定该节的教学目标。例如，高中《物理必修1》教科版"力的合成"一节，《普通高中物理课程标准（2017年版2020年修订）》中"内容要求"描述为"通过实验，了解力的合成与分解，知识矢量和标量。"从描述来看：手段是实验，要求是"了解"，即识别和再认。但是，在分析教材时，从文字篇幅和物理学科核心素养来看，探究力的合成规律无疑是教学的重点和难点，同样力的合成规律——平行四边形定则肯定要用"理解"和"会"这样的描述才合适。

教师在运用教材内容进行教学目标确定时要注意：采用知识分析法，仔细解读教材，梳理知识点，揣摩教材编写意图；参考不同版本教材，对内容进行整合和筛选，融合、总结归纳教学目标；根据学生情况和解题需要，适当展开教材内容。

在具体操作的时候，教师还要注意：区分知识是陈述性知识还是程序性知识，二者采用的教学策略是不同的；分析教材结构，确定知识纵向和横向联系；分析教学重点和难点；分析教材中的思想方法。

2. 依据学情设计教学目标

教学的目的是帮助学生获取知识形成技能，更为重要的是促进学生发展，因此教学目标的设计必须考虑学生的身心发展水平和基础情况。

在确定教学目标时，首先要了解并分析学生已有的知识基础、学生的学习准备情况；其次要考虑学生的心理特征，包括学生的生活经验、兴趣爱好、认知特点等；最后还要考虑学生的学习风格、班上的整体学习氛围等因素。总体来讲，学情分析既要考虑学生之间共有的相似特征，也要考虑学生的个体差异性。依据学生整体情况可以大概地确定该节的教学目标基本内容，对个体而言，要增加教学目标的选择性，努力做到"让每一个学生都能得到充分发展"。

（三）依据物理学科核心素养要求进一步完善教学目标设计

物理学科教学的目的是培养和提升学生物理学科核心素养，很多时候教师设计的教学初步目标可能是以知识和技能方式呈现，那么接下来要做的就是将初步目标与物理学科核心素养融合，并分析哪些要求对学生后续发展有重要作用，然后以物理学科核心素养四维目标的方式呈现。

例如，高中《物理必修 1》教科版"力的合成"一节，"理解合力、分力、力的合成的概念"就是物理观念，体现的就是力与相互作用的观念；"体会和理解等效替代思想"就是科学思维；"通过实验探究力的合成规律，得出平行四边形定则"就是科学探究；在实验过程中，首先用两个分力为邻边做出的平行四边图像对角线与合力对比，其次用力传感器与 DIS 系统精准实验作图对比，就很好地体现了科学态度与责任。

另外，从"产出导向"角度来看，学生是否真正理解了所学知识并形成了应用能力，中学一般通过习题反馈来看学生解题能力是否形成。从这个角度来看，物理概念和规律应用的经典模型、经典题型应该是教学目标设计时要关注的。

第三节　教学设计的理论基础

一、系统论与教学设计

（一）系统论

系统理论源于美籍奥地利人 L.V. 贝塔朗菲，系统论的核心思想是系统的整体观念。贝塔朗菲认为任何系统都是一个有机的整体，不是各部分简单相加，而是"整体大于部分之和"；系统中各要素不是孤立地存在着，每个要素在系统中都起着特定的作用；要素之间相互关联，构成一个不可分割的整体。

系统论的基本思想就是把所研究的对象当作一个系统，分析系统的结构与功能，研究系统、要素、环境三者的相互关系和变化规律。

系统论的任务不仅是要认识系统的特点和规律，还要利用这个特点和规律去控制、管理、改造、创造，使其存在与发展符合人的需要。简而言之，研究系统的目的在于调整系统结构，控制要素之间的关系，使系统达到优化目的。

（二）系统论下的教学设计

教学设计的任务就是通过发现—分析—解决教学问题来提升教学系统效率，达到教学最优化的过程。从系统论的角度来看，分析（学习需求、教材分析、学情分析）—设计（教学策略、教学方法、媒体选择、流程设计）—评价（形成性评价、过程性评价、修正）是一个有机循环整体，只有从系统论的观点出发思考问题，统筹安排，周密设计，才能使得教学过程有据可循，摆脱课堂教学的随意性，达成预设的教学目标。

二、学习者的智力和非智力因素

教学过程"学为中心"，而学习活动就是一系列的心理活动过程，因此从心理学的角度来看，智力因素和非智力因素协调发展和发挥作用对教学效果有重要影响。

（一）学习者的智力因素

智力指人认识、理解客观事物并运用知识、经验等解决问题的能力。智力由观察、注意、记忆、思维、想象、判断等基本心理因素构成，其中抽象思维能力是智力的核心。

1. 观察

观察是一种有目的、有计划的知觉活动；"观"指观看、听等感知行为，"察"指分析、思考。观察是人类认识世界获取信息的重要途径之一，也是科学研究的重要方法。观察力的高低，直接影响人感知的精确性，影响人的想象力和思维能力的发展。学生的学习离不开观察，各学科教学中都会运用观察，学生通过观察获取到鲜明、具体的感性认识，从而积累感性经验，为后续学习中抽象概括到理性认识打下基础。

观察是科学研究的基本方法，分为自然观察和实验观察。观察可以用肉眼，也可以用显微镜、望远镜、放大镜、照相机、摄像机等仪器。观察的品质包括目的性、敏锐性、理解性、准确性、持久性、客观性、全面性、条理性等。

观察能力是个人通过长期观察活动所形成的，能够快速准确地看出对象和现象中那些典型的但并不很显著的特征和重要细节的能力。观察力是智力结构的第一要素，是智力发展的基础。因此，教学要发展学生的智力，就要培养学生的观察力。观察力的培养要注意明确观察目的、制订观察计划、培养学生浓厚的观察兴趣、探寻本质和掌握良好的观察方法，观察的时候要注意多个角度看事物、注意细节、多动笔、边看边思考。

2. 注意

注意的意思为留意、关注，指人的心理活动对外界一定事物的指向和集中。注意包括被动注意和主动注意，注意力是指人的心理活动指向和集中于事物的能力。

注意的品质包括注意的广度、注意的稳定度、注意的分配性和注意的转移性，是衡量一个人注意力好坏的标志，教学过程中可以对学生的注意力进行分析、评价、培养。注意的广度指的是注意的范围，也就是认识的对象的数量。注意的稳定性指一个人在一定时间内比较稳定地把注意力集中于某一对象或活动的能力，目的性越明确，对活动的重要性认识越高，注意的稳定度越好。注意的分配性指一个人在进行多项活动时能够把注意力分配于活动中。注意的转移性指一个人能够主动地有目的地将注意从一个对象转移到另一个对象，注意力转移的速度是思维灵活的表现。

学生的注意力品质对学生的学习有较大的影响，其中较为典型的就是学生注意力不集中，表现为：坐不住、走神、粗心、拖沓等。造成注意力不集中的因素很多，如无关刺激的影响、单调刺激、情绪、身体因素等。

3. 思维

思维是指人用头脑进行逻辑推导的属性、能力和过程，思维是人脑对客观事物本质和内在规律间接、概括的反映，是认识的高级阶段。思维过程包括分析与综合、比较与分类、抽象与概括，思维从不同角度分类可以分为动作思维、形象思维和抽象思维；集中思维和发散思维；直觉思维和分析思维；常规思维和创造思维等。

思维品质包括思维的深刻性、灵活性、独创性、敏捷性、批判性。思维的深刻性指的是思维活动的广度、深度、难度；思维的灵活性指从不同角度、多种方法思考问题，也包括迁移能力；独创性指创造性地解决问题；敏捷性指思维活动的速度。

学生思维能力的培养是一个系统工程，既要有教师的示范引领，更多的是要有学生的动脑、动手等参与过程。

4. 想象

想象是人对头脑已有表象进行加工改造形成新形象的过程，是一种特殊思维形式。根据想象时是否有预定目的，可以把想象分为无意想象和有意想象，无意想象是在外界刺激下不由自主而产生的，有意想象根据想象的创造性程度不同分为再造想象和创造想象，创造想象不仅再现现成事物还创造出全新的表象。

想象力是指人在已有形象的基础上，创造出新形象的能力，想象力是人大脑中右脑的形象思维能力。想象的品质包括主动性、丰富性、生动性、现实性、新颖性和深刻性等。

5. 记忆

记忆的意思是记得、不忘，记忆是过去经验在头脑中的反映。人的记忆是一个识记、保持、回忆的过程。识记分为无意识记、有意识记、意义识记、机械识记等，识记是保持和回忆的前提；保持是储存和巩固的过程；回忆是过去事物在头脑中重新呈现及确认的过程，即再现、再认，回忆有助于巩固所学的知识。

记忆分为形象记忆、情景记忆、语义记忆、动作记忆、情绪记忆。记忆力是指人在记忆方面具有的能力。影响记忆效果的因素有：目的、态度、材料性质和数量、对材料的理解程度、识记方法等。记忆的品质包括敏捷性、持久性、准确性、准备性。

学生的学习与其智力密切相关，二者相互促进，因此学习过程要发挥学生的智力水平，同时通过学习来促进学生智力的发展。例如，通过激发学生观察、思考，来促进学生学习效果，同时通过物理知识的学习，发展学生的观察能力和思维能力等，培养学生学会观察、学会思考、学会记忆等。

（二）学习者的非智力因素

非智力因素是指智力因素以外的一切心理因素，包括需要、动机、兴趣、情感、态度、意志、性格、抱负、信念等。

按照非智力因素对学习活动的直接作用效果，可以分为三个不同层次：第一层次是学生的理想、信念、世界观，对学习具有广泛的制约作用；第二层次是个性的心理品质，包括需要、兴趣、动机、意志、性格、情感等，对学习活动起着直接影响；第三层次是学生的自制力、意志力、荣誉感、动机等，与学习活动有直接联系。非智力因素不直接参与认识过程和实践过程，但是对学习活动有动力作用、维持作用、提升学习能力作用、补偿能力缺陷作用。

三、不同流派学习理论与教学设计

教学以学为中心，学生是课堂教学的主体，教师在课堂教学中起主导作用。教师要充分发挥主导作用就要关心学生的"学"，设计学生的学习活动。因此，教师研究学习理论并掌握其有利因素非常有必要。学习理论中行为主义、认知学派、建构主义对教学产生了较为深远的影响，简单梳理如下。

（一）行为主义理论

行为主义理论是学习理论中的主要流派之一，其核心是"刺激—反应（S-R）"，应用于教学就是要通过表扬和肯定学生正确的行为，尽量少采用批评、惩罚等消极强化手段，通过激励性评价刺激学生学习动力。

行为主义研究的主要代表人物有华生、巴普洛夫、桑代克、斯金纳等。华生是行为主义的创始人，他的观点是只要确定刺激与反应的关系就可以控制环境来塑造人的心理和行为，强调环境对人的重要作用。巴普洛夫对于行为主义的贡献主要是条件反射理论，他认为所有的学习都是联系的形成，而联系的形成就是知识、思想、思维，基本机制为习得律、泛化和分化。桑代克的观点是试误学习，提出试误学习的成功条件是准备律、练习律、效果律。斯金纳提出的操作性条件反射提倡程序教学和机器教学，他认为心理学应该关心的是可观察的外部行为而不是内部机制，关注的重点是控制的外部刺激与有机体反应之间的函数关系。

尽管随着认知学习理论的发展，行为主义学习理论受到批评，但是行为主义部分思想观点在现代教学模式、教学策略、教学法中均有不同程度的运用。例如，将快乐事件作为学习任务的无条件刺激，可以帮助学生克服窘境摆脱考试焦虑；反之，学生回答难题引发焦虑，形成不愉快反应，再进一步泛化对学科学习的恐惧，甚至于对学校的恐惧。根据行为主义"S-R"观点，教师在教学中就是要营造学习情境和氛围；根据试误学习的观点，教学要考虑学生的心理准备和心理调节，学习要通过练习来强化从而减少知识遗忘，让学生有获得感和成就感来增加学生的学习兴趣和动力；根据斯金纳的观点，优化教学流程有利于提升教学效果，学习要分解任务，遵循"小步子原则"，由部分到整体。

（二）认知学习理论

认知学习理论分为早期认知派和现代认知派学习理论，早期以格式塔的顿悟说和托尔曼的认知学习理论为代表，现代认知学习理论以布鲁纳和奥苏泊尔为代表。认知学习理论认为学习结果不是情境刺激 S 与反应 R 的直接联结，而是 S-O-R，O 是中间变量。认知学习理论认为，学习是通过认知、获得意义和意向形成认知过程，学习是认知结构的组织和重新组织。

认知学习理论研究的是狭义的学习，个体主动地通过学习增加经验，改变认知结构，是整体性的质变过程。

（三）建构主义学习理论

建构主义关注学习者如何从原有知识和经验的基础来主动建构知识，强调学习的主观性和社会性、情境性。建构主义来源于儿童认知发展理论，其基本内容是"什么是学习"和"如何进行学习"两个方面。建构主义学习理论中维果茨基提出的教学与发展的观点主要是："最近发展区"思想；教学应该走在发展的前面；学习的最佳期限问题。维果茨基的"最近发展区和最佳期限"观点现在依然对教育教学起着重要指导作用。

建构主义关于教学提出了教学过程必须具备的四个基本要素：

（1）教学情境：教学情境必须有利于学生对所学内容的意义建构，情境创设和问题设计是教学设计的重要内容之一。

（2）协作共享：协作应该贯穿教学全过程，学生在教师的组织和引导下开展交流和讨论，建立学习群体具有重要作用。

（3）对话交流：对话交流是协作过程基本环节，教师要让各合作学习小组成员都能参与到集体任务中。

（4）意义建构：学习者通过以上过程有效把握事物的本质、规律及其联系，完成新知识的有效迁移，建立所学内容的认知结构。

建构主义学习观强调学习的主动建构、学习的意义性、学习的社会互动性、学习的情境性、知识学习的内隐性和默会性。建构主义学习理论对教育影响很大，在很多教学方法教学模式中都有体现，如探究式学习、支架式教学、情境教学、合作学习等。

四、传播理论与教学设计

按照信息论的观点，教学就是一个教育信息传播的过程，而传播过程中有其内在的规律性，因此可以通过研究传播理论增加教学设计的针对性。

首先，从传播的理论模型来看，其中涉及了教学传播过程的要素。美国哈罗德·拉斯韦尔提出的"5W"（who 谁、says what 说了什么、in which channel 通过什么渠道、to whom 向谁说、with what effect 有什么效果）公式如图2-6所示，应用于分析教学可以看到教学过程也涉及到这些类似要素。

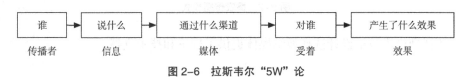

图2-6　拉斯韦尔"5W"论

教学过程就是信息传播过程，传播者就是教师，受者就是学生，传播的内容里知识、技能、态度。不同的社会及文化背景，不同的传播媒体对学生的刺激是不同的，从而影响教学效果。

布雷多克在此基础上发展形成了"7W"模型，增加了两个要素：

Why 为什么——可以解读为教学目的；

Where 在什么环境——教学解读为教学环境。

其次，传播理论揭示了教学过程中各要素之间的动态联系。贝罗传播模式也叫"SMCR 模式"，S 代表信息源 source，M 代表信息 message，C 代表通道 channel，R 代表接受者 receiver，贝罗模式用于解释教育传播说明影响和决定教学信息传递效率和效果的因素是多方面的、复杂的，各要素之间相互联系又相互制约。要提高教育传播效果，必须要研究和考察各方面的因素。贝罗模式对研究变量的设计和决定有一定的指导意义。

最后，传播理论指出了教学过程的双向性。教学过程就是教学信息的传播，通过教师和学生双方的传播行为来实现，通过反馈环节来进行调整和控制，以达成预期教学目标。

从教学设计的角度看香农传播模式（如图 2-7 所示）：教师作为传播者，相当于信息源；教师将教学目的（物理学科核心素养）具体化，以文字、声音、视频等多种媒体方式创设情境呈现；学生通过听、看、动脑、动手等多种方式体会，转化为自己容易接受的模式纳入知识体系；教师通过学生反馈从而调整进度和方式。

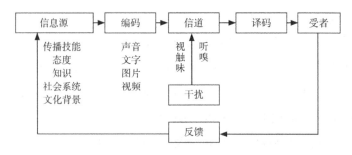

图 2-7 香农传播模式

传播理论为教学设计选择教学媒体提供了理论和技术支撑。

第四节　教学设计的一般模式

教学过程设计有许多不同类型的理论模式，不同的教学设计模型由于时代不同、理论依据和理念差异等因素，各自有不同的侧重点。从不同的教学设计模型中抽取一些基本元素，包括：学习需要分析、学习内容分析、学习者分析、教学目标确定、教学策略、教学媒体和教学过程设计、教学效果评价等。

一、教学设计的一般过程模式

中学的教材、课标、考试评价都是既定的，对绝大多数中学教师来说，首先就是从微观上解决"如何教"的问题，也就是要解决怎样更加高效地、更好地组织教学过程；其次，以活动的方式发挥学生的主体作用，也就是解决学生"如何学"的问题。

（一）教学设计基本要素

1. 教学分析

教学分析主要是"教"和"学"各自的分析，包括学习者的特征、学习者的学习需要、学习内容等方面的分析。

学习需要分析一般采用内部参照需要分析法、外部参照需要分析法、内外结合法。内部参照分析法是指学习者内部用已有教学目标和学习现状进行比较，找出二者之间的差距，从而鉴别出学习需要的分析法。外部参照分析法是根据外部（社会或职业）要求来确定对学习者的期望值，并将此期望值作为标准来衡量学习者现状差距，从而确定学习需要的方法。内外结合法是指根据外部社会要求修改已有教学目标，并以修改后的教学目标作为期望值与学习者现状进行对比找出差距。

学习内容分析就是对教学内容进行分析，将综合、复杂的整体内容分解为相对独立、简单的组成部分，并确定学习内容的广度和深度及各部分之间的联系。学习内容的安排要符合学生认知和学科的自身规律，考虑从整体到部分、由易到难、遵循事物发展规律、注意知识之间的联系。

学习者分析包括学生的认知特征、已有知识和能力、学习动机和风格等情况，学习者分析既要分析学生共性，也要分析学生个体差异。

2. 教学目标、教学策略、教学媒体等方面的确定和选择

教学目标（学习目标）就是通过教学后学生能够达到的最终结果，包括外显的行为和内部心理变化。教学目标从知识与技能、过程与方法、情感态度与价值观的三维目标升级到物理学科核心素养的四维目标，按照其归属关系对应即可。

教学策略既要考虑"教"的策略，也要考虑"学"的策略，一般来说二者有一定的对应关系。

3. 教学流程设计

教学流程设计最终结果是得到一个教学流程图，一般从三个维度来组织：一是包括"导入、新课、反馈、总结"等环节的课的结构；二是以知识点和能力点为框架的结构；三是以任务或活动分块的板块模式。

4. 教学效果的评价

教学效果评价主要考虑形成性评价和总结性评价，形成性评价是在教学过程中进行的评价，具有反馈和激励功能；总结性评价是对一个相对完整的教育阶段进行的评价。

（二）中学物理教学设计基本模式

结合以上分析，调研中学一线教师实际操作，中学物理教学设计基本模式如图 2-8 所示：

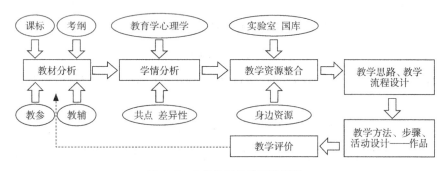

图 2-8　中学物理教学设计思路

二、简化条件下的教学设计

在中学教师考调、教师资格证面试等情境下，教师可以查阅的资源相对较少，多数情况只是提供教学基本材料（教材或教材某一部分内容），断网、限时、独立备课，这种情境下的教学设计通常称之为简化条件下的教学设计。

简化条件下的备课，要求教师对材料所属知识点有整体感知，熟悉该部分知识的前后联系，清楚课标及中高考的基本要求，通常采用知识分析法梳理所提供材料的知识点然后建立知识框架，再进行教学设计。教学设计时要考虑有无学生，体现教育教学基本理念，展现自身对教材的把控和教学能力。建议教学设计思路如图2-9所示：

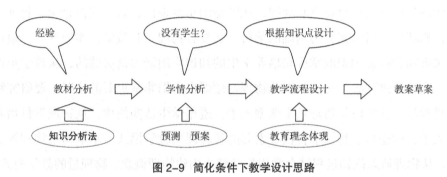

图2-9　简化条件下教学设计思路

简化条件下的教学设计典型应用就是教师资格证面试和中学教师选调考核，考查教师在极简条件下的教学设计能力和实施能力，能够较好的呈现教师基本素养和知识能力水平。

教学设计从理论走向实践，必然随科学技术进步和社会认知、需求等发生改变，就目前的发展趋势来看，主要是以学为中心，高度关注学生核心素养的形成和提升，研究信息技术与教学的深度融合，研究跨学科整合，鼓励开展符合本校实际的校本研修。

第三章　物理概念教学研究

　　物理概念、物理规律构成物理学科基本框架，"力、热、光、电、原"构成丰富多彩的物理世界，物理公式、物理模型、物理题型构成其特有的知识应用模式。物理公式不是简单的数学逻辑公式，每一个公式都是物理规律的量化结果，每一个物理概念都是对特定物理现象的物理总结。

　　物理学科有其自身特点和规律，从课型的角度来说，有物理概念课、物理规律课；物理是一门以实验为基础的学科，必然有物理实验教学；作为理科，通过习题来巩固和检验知识的掌握和培养学生的知识应用能力是必然的，从教学角度来看"以题带讲"必不可少，因此物理习题课也占据非常重要的位置。要研究物理学科教学，就应该从物理基本课型入手，遵循学生认知规律，从物理学科培养目标入手，构建基于物理学科核心素养的各种课型教学模式。本章阐述物理概念特点，从物理概念认知过程结合常用教学模式构建物理概念、物理量的教学模式，并通过案例方式展开研究。

第一节　物理概念

一、概念

　　概念是人类所认知的思维体系中最基本的单位，依据我国国家标准界定，概念是对特征的独特组合而形成的知识单元。依据德国工业标准描述，概念是指通过使用抽象化的方式从一群事物中提取出来的反映其共同特性的思维单位。

　　概念形成于人类对客观世界的认识过程，是人类将所感知到的事物共同本质属性抽象出来而形成的，是从感性认识上升到理性认识的过程，概念是反映客观事物根本属性的思维形式。概念可以是大众公认的，也可以是个人认知特有的一部分。从逻辑学的角度来看，概念分为内涵和外延。内涵即其含义，是指一个概念所概括的思维对象本质特有的属性的总和；外延即其适用范围，指一个概念所概括的思维对象的数量或者范围。比如，压强是为了描述压力作用效果而引入的，压强是物体所受压力大小与受力面积的比值。外延包括：固体压强、液体压强、气体压强。

概念具有发展性：随着时代的进步和科技的发展，人类对客观世界的认识不断深入，概念则随着社会历史和人类认识的发展而变化。

二、物理学中的概念

物理学中的概念即物理概念，是客观事物的物理共同属性和本质属性在人们头脑中的反映，是客观事物的抽象，是观察、实验和科学思维相结合的产物。

目前，物理教育界对物理概念有不同的界定，比较具有代表性的有：许国梁认为"物理概念是反应物理现象和过程的本质属性的思维形式"；阎金铎等定义物理概念"是在大量观察、实验的基础上，应用逻辑思维的方法，把一些事物本质的、共同的特征集中起来加以概括而形成的"；陈刚定义"物理概念是客观事物的物理共同属性和本质特征在人们头脑中的反应，是物理事物的抽象"。概括以上观点，可以看到对"物理概念"大家共同的认识——从物理学的角度研究，抽取事物的物理本质属性。

三、中学物理常见概念及体系

物理概念反应物理现象和物理过程本质属性，是物理规律和理论的基础，从知识建构来说，物理概念是物理学科体系的基本元素。

中学物理包括力、热、光、电、原等几个大模块，各模块都由几个主要概念构成。在众多物理概念中，物理量是物理概念中"质"和"量"的统一体，物理规律通常表现为物理量之间的关系。物理量分为基本物理量和导出物理量，基本物理量包括七个：长度、时间、质量、电流强度、发光强度、热力学温度、物质的量。

通过思维导图模式建立物理概念体系，可以用横向和纵向两种方式联系。

比如，初中物理力学部分，可以依托于力、功进行概念体系构建，如图3-1所示：

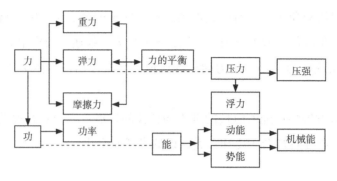

图 3-1　力学概念体系

如果从高中物理的角度来看，可以加入质点、时间、位移、速度、加速度、冲量、动量等概念，这样就构建成了高中物理力学概念体系。

在教学中，除了用思维导图，还可以用表格的方式将重要物理概念进行梳理，帮助学生建立知识体系，进一步促进知识理解。

第二节　物理概念教学模式

一、课标对物理概念教学的要求

物理概念是物理学理论的基础，物理概念中也同时蕴含物理学精髓。物理概念教学的好坏直接影响着学生对物理知识的掌握，同时也影响着学生科学思维的发展。可以说，掌握物理概念是学好物理的前提和基础，概念学习过程中科学思维的发展也是学好物理的关键。

《普通高中物理课程标准（2017 年版 2020 年修订）》中对于学生的物理能力的培养提出了明确的要求：教师不仅要关注学生对物理知识的掌握，同时还要注重学生物理概念的形成，这样有助于学生物理科学思维与探究能力的形成。按照《普通高中物理课程标准（2017 年版 2020 年修订）》的思想和理念，教学过程要创设问题情境，充分调动学生的主体性，任务驱动，情境化教学，让学生经历科学探究过程，促使知识自然生成。

物理概念是在大量的观察、实验的基础上，通过分析、对比、综合归纳，把其本质特征概括出来而形成的，具有一定的抽象性。物理概念的形成过程实际就是培养学生物理学科核心素养的过程，引导学生从物理学的角度看问题就是培养学生的物理观念，分析、对比、综合、抽象和概括就是科学思维，抽象事物的本质属性可能会用到科学探究，概念的建立中需要严谨的科学态度同时也有利于培养物理人的社会责任感。

二、概念建立的理论研究

（一）概念获得模式

1. 构建概念获得模式的具体步骤

根据布鲁纳、古德诺和奥斯汀的思维研究理论，认知心理学的观点认为学习者通过体验所学概念的形成来培养其思维能力，构建的概念获得模式共包含这些步骤：教师选择和界定一个概念—教师确定概念的属性—教师准备选择肯定和否定的例子—将学生导入概念化过程—呈现例子—学生概括并定义—提供更多的例子—进一步研讨并形成正确概念—概念的运用与拓展。

2. 概念获得模式对教学的启发

根据概念获得模式，教师课前要准备大量正反的案例。教师通过列举一些显著的案例，启发引导学生发现概念的一些共同属性，采用归纳求同的方式抽取其本质属性从而建立概念。学生掌握概念后，教师还需要引导学生从概念的内涵、外延等方面去理解，并且将相关、相似的概念进行区别联系。最后教师通过运用概念可以进一步加深学生对概念的掌握，教师也可以从学生运用评价中获得反馈从而及时补救。

（二）概念形成的一般流程

个人掌握概念的过程就是概念学习，个人通过感觉、知觉、表象为基础，通过分析、综合、抽象、概括等，从特殊到一般，从具体到抽象，逐步提炼一类事物本质特征的过程，概念学习过程实质就是一种重要的思维活动。

儿童概念的形成一般分为感性水平、表象水平和抽象水平三个阶段，根据瑞士儿童心理学家皮亚杰对儿童发展分类，2 岁前为感知运动阶段，2～7 岁为前运算阶段，7～12 岁为具体运算阶段，12～15 岁为形式运算阶段。从这个角度来看，多数初中学生学习物理概念已经处于形式运算阶段，进入这个阶段可以通过语言文字在头脑中想象和思维，重建事物和过程来解决问题。从中学一线调研的数据实际情况来看，多数初中学生这一阶段更容易接受形象和直观的事物。学生对于具体事物的接受速度明显要快于语言描述，说明学生抽象思维能力不足，教师教学时要注意培养学生思维能力和让学生逐步适应抽象思维。

概念形成的一般流程如下：

感知新的事物—实践运用概念—拓展概念外延—定义物理概念—抽象本质属性—概括共同特征—感知具体事物。

简而言之，物理概念的形成，就是从具体到一般，再从一般到特殊无限循环的过程。根据奥苏贝尔概念学习理论可知，概念的正确形成要在观察具体事例，研究实验事实的基础上运用分析、抽象、概括及数学推理等多种科学思维，最终建立形成正确的概念。

三、基于物理学科核心素养的物理概念教学模式构建

（一）教学模式

1.教学模式概念

"教学模式"概念是美国学者乔伊斯和韦尔1972年提出的，他们认为"教学模式是一种可以用来设置课程（诸学科的长期教程）、设计教学材料、指导课堂或其他场合的教学计划或类型"。我国学者唐文中认为，"教学模式是指在一定的教学思想或理论指导下，为设计和组织教学而在实践中建立起来的各种类型的教学活动的基本结构，它以简化的形式表达出来，也可以理解为是开展教学活动的一套方法论体系"。

综合以上观点，教学模式是在一定的教学思想或教学理论的指导下建立起来的比较稳定的教学活动结构框架和活动程序。不同的教育观往往会提出不同的教学模式，根据《普通高中物理课程标准（2017年版2020年修订）》理念，物理学科教学要培养学生物理学科核心素养，教学模式设计则要考虑在教学的各环节如何去培养学生物理学科核心素养。

2.常用教学模式

（1）传递—接受式。传递—接受式教学模式起源于赫尔巴特的四段式教学，

其理论依据是行为主义心理学，该教学模式以传授系统知识、培养基本技能为目标，传递—接受式的教学模式主要流程是：

复习旧课—激发学习动机—讲授新课—巩固练习—检查与评价—间隔性复习。

传递—接受式教学模式强调教师的指导作用，认为知识就是教师向学生的单向传递，学生通过记忆、推理和间接经验可以快速有效地掌握更多的信息量。从斯金纳操作性条件反射来看，传递接受式教学模式就是"联系—反馈—强化"。传递—接受式教学模式在我国流传较广，优点是学生能在短时间内接收到大量的信息，适合大班制教学，可以培养学生的纪律性和抽象思维能力。

传递—接受式教学模式在学习讲解性知识的时候运用比较有效，毕业复习阶段也较为有效，但是掌控不好容易出现"满堂灌"的现象。有部分物理概念不能用实验的方式来建构，如"电流"概念的教学，微观电荷的定向移动不便用实验演示，此时可以用传递—接受式模式，类比水流来建构电流的概念。但是，教师在采用传递接受式模式教学时应该注意充分利用学生的前概念来开展师生互动，有助于学生的意义接受学习。

采用传递—接受式教学模式可以在"讲"上多做文章，注重语言的逻辑性和条理性，并做到语言简练且富有启发性，还可以将需要传授的知识转化为一个一个的问题，学生通过完成任务达成知识获取的目的，培养学生科学思维。将知识点转化为问题串的模式开展教学，通过启发引导、问题搭台的方式可以提升传递—接受式的教学效果。

（2）自学—辅导式。自学—辅导式教学模式是指学生在教师的指导下，通过自主学习，从而达到理解、掌握和应用知识的目的。自学—辅导式教学模式的特征是自主性和能动性，自主性表现为学生自我控制、自我管理，能动性表现为学生强烈的上进心和求知欲。自学—辅导式要注重发挥学生的主体地位，以培养学生学习能力为目标，放手让学生去操作，是在教师指导下学生自己进行独立学习的模式，其基本教学流程是：自学—讨论—启发—总结—练习巩固。

自学—辅导式教学模式要求学生具有一定的自学能力，教师在操作时要注意控制自学内容的难度适宜，提供学习材料要合理运用先行组织策略，过程中要适时点拨，最后教师要组织学生进行概括和总结。自学—辅导式教学模式可以用于学生有一定基础的教学内容，如高中物理"牛顿第一定律"，由于学生在初中有初步的认知自学相对容易，也可以用于选学内容或者单元复习，在实施时候可以配合任务驱动策略，预先设计好"学案"类学习任务。

在概念教学中，有些概念学生具有较好的认知基础，教学可以采用自学—辅导教学模式，如形变概念的建立和弹性形变概念的建立，教师可以呈现一组"形变"的事实——弹簧的形变、钢尺的形变、薄木板面的形变、篮球的形变、橡皮泥的形变、钢丝的形变，学生通过讨论的方式分类并给形变下定义。

（3）探究式教学模式。探究式教学基于"探究学习"建立，探究式教学就是要为学生创造条件，促使学生进行探索学习的教学。探究式教学模式中教师需营造一个研究氛围，学生模拟科学研究活动，并经历自主质疑、研究、讨论，在反复摸索中寻求问题答案和真相，充分体现学生的主体性。探究式教学注重学生的前认知，注重体验式教学，能够培养学生的探究和思维能力。

探究式教学模式最初起源于杜威的"学生中心，从做中学"思想。探究式教学模式的一般流程为：问题—假设—推理—验证—总结提高。

从实际课堂采用探究式教学情况调研来看，教师操作时要注意以下几点：

①"猜想假设"需要考虑学生的已有知识基础和生活经验，如果没有则要用定性实验诱导学生思维方向；

②"设计实验方案"步骤，要注意团队合作，可以将方案界定研究方向或者用"问题串"的方式引导学生思维方向，提高课堂效率；

③"交流总结"部分，鼓励学生之间开展讨论、评估、反思，拓宽学生思维，培养学生科学思维和科学态度。

现阶段研究探究式教学模式的人很多，其中具有代表性的是"5E"模式，具体包括：引入（Engagement）、探究（Exploration）、解释（Explanation）、精准化（Elaboration）、评价（Evaluation）五个阶段，强调以学生为中心，小组合作，通过调查和实验的方法解决问题，促进知识的理解和建构。

探究式教学模式与物理学科核心素养契合度高，因此得到很多中学教师和教育专家的一致认同。从最新版初高中物理教材来看，很多重点章节教材的实验都是探究实验，目的是培养学生物理学科核心素养。探究式教学模式被大量应用于物理规律课和重点课题教学。

有部分物理概念对应物理量，并且采用两个物理量之比来定义，如密度、电阻、电容、折射率等。这些物理概念以实验为基础，采用演示实验探究或分组实验探究的方式教学，可以极大地调动学生积极性，培养学生核心素养。比如"密度"概念的教学，教师可以设置问题串——体积大的物体质量一定大吗？铁块的质量一定大于木块的质量吗？物体的质量大小由哪些因素决定？什么条件下体积大的物体质量大？然后提供实验器材，学生采用控制变量法分组探究建立密度概念。

（4）巴特勒"七段"学习模式。20 世纪 70 年代，巴特勒根据信息加工理论提出"七段"教学论，是一个比较具有普适性的教学模式，其教学流程是：设置情境—激发动机—组织教学—应用新知—检测评价—巩固练习—拓展与迁移。

"设置情境和激发动机"要遵循学生认知规律，如高中物理"闭合电路的欧姆定律"一节，可以采用展示生活中的各种电池（5 号、7 号干电池，充电电池，纽扣电池，实验室用的大电池）通过提问来设置情境——这些电池在电路中有什么共同的特点和作用？用充满电的电容器能够提供持续的电流吗？接下来教师用电容器充电后驱动石英钟演示，提问要让石英钟指针持续转动，需要怎么办？由此引出思考——电源正极聚集的正电荷在使用中为什么还有？正电荷怎么来的？引导学生思考，电源内部非静电力做功搬运电荷，激发学生学习动机。

"组织教学"一般从教学内容入手，分析所教学生特点，将新知识与旧知识相互关联起来。组织教学过程通常采用相互联系、联想、建立模型等方式展开工作。

"应用新知"是对新知识的初步尝试，一般采用相对简单的题目让学生尝试、体验，或者是应用于定性解释生产生活中的现象。应用新知的练习题目选择要考虑学生的基础情况，既要达成知识的应用，也要考虑让学生体验获得感从而培养学生学习的自信心。

"检测评价"是对新知识初步尝试使用之后的评定，它的组成要素有：告知、比较、赋予价值、选择。

"巩固练习"是练习与巩固的过程，是应用的强化，通过再练习形成习惯或构建解题的基本思路和总结应用技巧。

"拓展与迁移"是把新知识或题型延伸，或者将新知识迁移到其他情境中去，

■ 基于学科核心素养的中学物理教学设计与案例研究

在此过程中"拓展提升能力，迁移激活思维"。

巴特勒"七段"学习模式适用面较广，概念课、规律课等都可以采用，因此教育工作者的研究较多，不同教育观点的研究者也会在此基础上提炼出不同的教法。

（5）加涅九段教学模式。美国教育心理学家罗伯特·加涅将认知学习理论应用于教学过程，将教学流程设置与学习活动中的学习者内部心理过程相结合，提出了九段式教学：引起注意—告知目标—刺激回忆先前的学习—呈现刺激材料—提供学习指导—引出行为—提供反馈—评价行为—促进保持与迁移。

加涅的九段教学模式被广泛应用于讲授式教学，一定程度上可以使得讲授式教学更加科学，效果更好。加涅的九段教学模式"告知目标"符合任务驱动教学策略，学生通过达成任务获取成就感可以促进学生的进一步学习，也可以通过评比的方式来促进班级学生的良性竞争。

物理概念的教学模式要根据不同物理概念本身的特点和教师、学生实际情况来灵活选用，而不是机械套用，可以取百家所长，融合并逐步形成相对有效的不同概念教学经验。

（二）基于物理学科核心素养的物理概念教学研究

1. 新课标对教学的要求

物理学科教学的核心任务是培养学生物理学科核心素养，根据《普通高中物理课程标准（2017年版2020年修订）》思想，教学过程的设计应当：坚持学生为主体，教师为主导；根据学生认知规律的发展循序渐进地组织教学，尽可能全面地了解学情，以学生现有的知识水平和能力水平为起点进行教学，体现"以生为本"教育思想；创设情境，情境化教学；知识问题化，采用任务驱动模式，引导学生通过思考、讨论、小组合作探究等方式学习，最终达成"知识自然生成"的目标。

因此，物理概念教学设计要遵循新课标理念开展工作。课前，教师要认真研究对应课程标准和教材，清楚学生学习概念后需要达到的四维教学目标（物理学科核心素养）。另外，教师还应当提前调查学生对于即将学习的新概念存在哪些正确或错误的认识与了解，掌握学生"前概念"对新概念建立的有利和不利因素，

| 50

结合学生的"最近发展区"制订适合学生实际情况的教学目标。课中，教师要充分调动学生学习的主动性和积极性，引导学生去抽象事物的本质属性从而建立物理概念，然后通过内涵、外延、区别、应用等过程来进一步加深物理概念的理解，促进知识的内化。课后，教师要给学生安排必要的应用训练或拓展研究，及时批改学生作业从而获取学生数据反馈，及时调整教学。

2. 物理概念教学的一般流程

为了让学生形成正确的概念，培养学生物理学科核心素养，教师应遵循物理概念教学的一般流程开展教学工作。其流程内容如下：建立概念相关情境—明确物理意义—抽象概念的本质属性—定义概念内涵—了解概念外延—分析易混淆概念的区别与联系—实践运用概念。

从物理学科核心素养的角度来看，从物理学的角度看世界就是培养"物理观念"，因此第一步应着力培养物理观念；后续分析、综合、抽象等主要是培养学生"科学思维"；概念建立过程如果较为复杂还可以使用探究的方式开展研究（科学探究）；在过程中，严谨的科学态度随着时代发展和科技进步概念泛化就体现科学本质；可以说，整个物理概念教学流程很好地体现了物理学科核心素养的生成。

（1）创设情境导入新课方法及实例。

首先，创设概念相关情境，这是概念建立教学环节的第一步，从"引导学生进入学习"（引入）的角度来看需要考虑激发学生学习动机的功能；其次，创设的情境主要考虑的是要有利于学生去抽象事物的物理本质属性；最后，要考虑创设有利于引出概念的"需要"情境。在创设物理概念教学情境时，关键是要创设体现概念本质特征的情境，且有利于发展学生的思维。

创设情境的方法很多，下面是较为常用的几种方式：

①演示实验引入新课。物理概念教学中可以借助教具直观地展示出物理现象与物理过程，创设情境导入新课，特别是对学生冲击性比较大的"创新"实验，非常有利于激发学生好奇心和求知欲。比如，在设计初中物理"大气压强"这一节内容时，很多教师选择"覆杯实验"。将一个透明玻璃杯装满水，用一张硬纸片盖在杯口，提问如果将水杯倒置过来，让学生猜想"水和纸片是否会在重力作用下向下运动"，再看演示实验发现水并不会流出，认知冲突效果非常明显，然

后教师引导建模，提问启发学生思考"为什么在重力作用下水柱和纸片没有向下运动"，引导学生分析推理应该有一个向上的力平衡了其重力，然后类比压强概念引导建立大气压强概念。简单的"覆杯实验"激发了学生的好奇心和求知欲，学生迅速进入学习状态，饶有兴趣地进入下一步理论推证和概念建立学习中。教师还可以将覆杯实验从竖直变换为倾斜和侧放，可以更好地建立大气压强概念和加深学生对大气压强的理解。

演示实验创设情境引入新课可以快速激发学生学习动机，利用这个方法导入可以将直观现象与抽象思维融合在一起，不仅有利于培养学生的思维能力和还能在该过程中提高学生的科学素养。

②联系生活实际引入新课。物理从生活中来，又回到生活中去，因此联系生产、生活实际引入新课可以很好地培养学生物理观念，且帮助学生树立物理无处不在、学好物理可以更好地改变生活这个观点。联系生活实际引入新课不管是课前设计还是教学实施都比较容易，且容易引发学生强烈的学习动机，所以很多教师喜欢用这个方法引入新课。比如：引入"惯性"概念时，可以利用汽车刹车时人会向前倾，汽车启动时人会向后倒的生活情境（语言或者视频创设情境）；引入"固体压强"时，可以利用人在沙漠中行走双腿经常陷入沙中，而坦克在沙漠中的行驶如履平地，明明坦克对沙漠压力大得多，坦克为什么却没有下陷呢？从而顺理成章地引入本节课要学习的压强概念。

运用学生所熟悉的生产、生活情境导入新课，不仅能够引导学生积极回忆相关生活情境，营造一个活跃的课堂氛围，还能够培养学生物理观念，培养学生善于思考的好习惯。

③联系新旧知识引入新课。

教师引导学生复习以前所学的相关知识，根据新旧知识的逻辑性和内在联系，通过分析、推理等方式，顺理成章地引入新概念。联系新旧知识引入新课在物理概念课和物理规律课教学中均可以应用。比如，高中物理"弹力"概念的建立就是在初中物理"形变、弹性形变"知识基础上导入的。再比如，教科版高中《物理必修1》第三章"牛顿运动定律"第二节"探究加速度与力、质量关系"，可以采用"问题串"方式启发引导进入新课：力与运动之间的关系？物体运动状态改变指的什么物理量发生改变？速度矢量变化包括哪些情况？物体在外力作用下一段时间物体速度变化说明物体具有什么物理量？什么叫惯性？惯性的特性是保持物体原有运动状态不变，力 F 是改变物体运动状态，那么力 F、质量 m 与加速度 a 之间是什么关系呢？如图 3-2 所示：

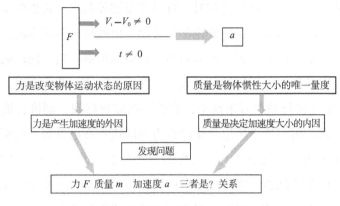

图 3-2　力 F 质量 m 加速度 a 三者的关系

　　联系新旧知识导入新课不仅能够促成新概念的建立，还能够很好地巩固旧知识，培养学生分析和推理能力（科学思维）。

　　④设问（设疑）引入新课。教师根据所学概念预设相关问题，通过设问、反问、追问的方式来调动学生的思维活动，在教师与学生一问一答中引入新课。此方法可以采用认知冲突策略，充分利用学生前概念设置疑问，激发学生好奇心和求知欲。教师在问题难度的设置上应选择中等难度的问题，问题不能太简单，否则学生会感觉没有挑战性，也就无法充分调动学生的积极性，无法达成想要的效果。反之，问题也不能太难，否则学生容易产生挫败心理失去思考和研究的动力。教师要考虑本班学生实际情况设置问题，逐步提升问题难度，也可以考虑通过"问题搭台"方式引导学生思考方向。我们可以创设一个与学生脑海中的"前概念"产生矛盾的情境，根据所构建出的问题情境，教师提出在教学过程中需要解决的矛盾点及解决问题的方式和方法。设问引入新课在概念课和规律课中均可以应用，如引入"浮与沉"这一节内容时，可以提问将一个铁块扔入水中，铁块会漂浮、悬浮还是沉底，很多学生会不假思索的回答出沉底，紧接着再抛出一个问题，为何由钢铁制造的轮船能够漂浮在海面上没有沉底呢？学生感到疑惑的同时也引入了新课。

⑤利用多媒体引入新课。随着教育信息化的推进，利用多媒体引入新课应用较为普遍。教师将想要呈现的内容通过多媒体投影以图片、音频、视频、动画等多种形式展现出来，达成直观、形象的教学效果。比如，在初中物理"声音的特性一节中引入乐音的"音色"概念时，可以准备钢琴版本、吉他版本、小提琴版本的"卡农"音频，用多媒体播放让学生猜测是由哪种乐器演奏的，学生会表现出极大的兴趣，情绪高涨，积极思考回答所对应的乐器，最终便轻而易举地领会并建立"音色"的概念。再比如，引入"大气压强"这一节内容时，可以截取了《中国机长》中飞机行驶在万米高空，右前风挡玻璃爆裂，副机长被吸出窗外这个片段引入新课，再引导学生思考是什么力将副机长推出机舱外的呢？此时，学生会产生极大的求知欲和好奇心。这样的方式为学生进一步的学习做好了铺垫。多媒体导入在中学实际教学中应用非常广泛，各种课型均可使用，如"探究加速度与力、质量关系"一节，可以采用赛车启动加速视频或者采用我国自主研发的歼-20飞机加速起飞来导入新课，这样的视频都可以极大地调动学生的学习积极性。

（2）明确物理意义。从创设情境中提出问题，需要引入一个新的物理概念对提出的问题进行描述，从而建立物理概念的物理意义。比如：速度是为了描述物体运动（位置变化）快慢的物理量；加速度是为了描述速度变化快慢而引入的物理量；功率是为了描述做功快慢而引入的物理量。

（3）抽象概念的本质属性。物理概念教学中，抽象概念的本质属性是非常关键的步骤，对学生物理学科核心素养有较高要求，教学过程中教师要善加引导，培养学生的科学思维。抽象概念的本质属性的方法主要有以下三种：

①比较求同法——通过分析、比较相似案例，求同，提取同类事物的本质特征和共同特征。

教师列举同类型案例，突出其共同特征，引导学生分析归纳，提取同类事物共同特征。比如"机械运动"概念的建立，可以充分利用学生的前概念，拍摄简单背景下的多个物体运动的视频，视频选择有地面固定物和1个不动、2~3个运动的物体，然后抽取视频中有位置变化的帧为图片，以游戏的方式让学生找两张图片的不同，再问学生是根据什么判断这些物体都在运动？学生通过分析、比较、综合、概括、抽象的思维过程，最终透过表面现象发现其共同特征——物体的位置相对"固定物"在不断地发生变化，由此形成机械运动的概念。"比较求同法"抽象本质属性的方法有一定局限性：需要教师准备多个同类型的典型事例；教师要去除干扰因素从而突出其本质特征，注重启发引导；另外，多个研究对象对学生来说本身难度会有所增加。

②推理法——通过寻求概念之间的联系，利用已知概念推理建立新概念。

推理法建立概念就是依据已知概念与新概念之间的相关联系，通过分析推理，从一个或者几个已知概念推出新的概念。比如，根据力、压力、压强、力的合成等概念推导出浮力的实质是液体对物体上下表面的压力差等。

③类比法——根据同类事物同种属性推测相似概念本质属性。

类比法提取本质属性就是根据一类事物具有某种属性然后推测与其相类似的事物也应该具有这种属性。比如，加速度描述速度变化快慢可以用速度类比，同样功率描述做功的快慢时也可以类比运动的快慢描述。类比的好处在于借助类似事物的特征刻画突出本体事物的特征，浅显又形象地加深学生对于本体事物的理解，最后形成正确的概念。

（4）定义概念的内涵。概念的内涵就是概念所反映的事物本质属性的总和，也就是概念的内容。教学中要注意引导学生，通过对一些物理现象的感性认识分析找到或科学抽象出内在的、主要的和本质的东西，然后尝试用自己的语言将概念定义出来，最后对比教材对物理概念的描述。概念的内涵一般用文字描述其本质属性，如果物理概念对应了物理量也可以利用物理公式定量描述。比如，加速度是描述物体速度变化快慢的物理量，用"物体速度改变量与时间的比值"来定义加速度，定义式为：$a = \Delta V/t$，有文字也有公式描述。

在定义概念的内涵这个过程中教师的引导显得尤为重要，需要教师耐心讲解，带领学生一起分析物理现象，同时引导学生分析物理现象的共同属性和本质特征之间的相互联系，最终形成正确的物理概念。比如在"密度"概念教学时，教师可以按顺序设置以下几个问题：对于铁块而言，它质量 m 的多少与体积 V 有什么关系？它自身的质量与体积之比有什么特点？不同的物质质量与其体积之比是否相同？相同的物质质量与其体积之比是否相同？这说明什么？通过设置这样的问题串，引导学生思考、分析、归纳总结。

（5）理解概念的外延。概念地外延是概念的内涵所反映的对象的集合体，简单的说就是概念所管辖的范围。比如，力的内涵是"一个物体对另一个物体的作用"，而力的作用形式多种多样，"推、拉、提、压、排斥、吸引等"都属于力的作用，弹力就是由于施力物体发生弹性形变产生的，弹力就是力概念的外延。对于"弹力"概念来说，绳的弹力、杆的弹力、弹簧的弹力、平面的弹力、曲面的弹力就是弹力的实际应用案例，通过对这些案例的分析可以加深对弹力的理解。简而言之，通过扩展概念外延，学生对于概念内涵的理解将会更加深刻，因此教师在教学中要注重构建概念内涵与外延之间的结构思维导图。

（6）分析易混淆概念的区别与联系。在中学物理概念中，部分概念与学生原有概念可能存在相似、相近之处，容易让学生产生混淆，有必要进行比较以便加深理解。

例如："电场"一章中的"点电荷""元电荷""检验电荷"三个概念，学生如果对三个概念本身引入的来龙去脉不清楚，就很容易出现混淆，教学时要重视概念的建立过程。点电荷是为了研究带电体之间相互作用而忽略其形状大小，主要因素是带电量大小；检验电荷是为了将电场外显出来而用于"试探"作用的，所以其引入不能影响原电场且要便于研究某一位置，故检验电荷量不能太大、体积要足够小；元电荷又称之为"基元电荷"，是纯电量（基本带电量），是电子或质子所带电量绝对值。另外，由于学生原有的前概念及学习态度、理解度等因素，也有教师的教学方法等客观因素都会造成学生混淆概念。比如，在学习"点电荷"的概念时可以将其与"质点"概念进行对比分析，在学习磁场"磁感应强度"时可以与电场的"电场强度"对比分析，在学习电场时可以与重力场进行比较。为了提高物理概念教学效率，最终获得一个较好的效果，可以采取以下几种有效策略。

①通过概念形成过程来区别。比如，在"压强"一节中，学生容易将压力与重力两个概念混淆，此时可以从形成过程来区别，压力本质是弹力，因为形变而产生，重力是由于地球吸引而产生，是与万有引力密切相关的一个力。

②通过在情境中应用来区别。比如，区别功和能量，可以创设一个情境，物体在斜面顶端具有 300 J 的能量，下滑过程中推动木块做功 100 J，最后物体还有多少能量？让学生体会功是过程量，能量是状态量。

（7）实践运用概念。学以致用，实践运用过程既可以加深对物理概念的理解促进知识的内化，也可以通过实践运用概念形成运用概念的技能。

概念建立只是成功的第一步，此时学生还没有将新概念纳入原有知识体系建构。通过概念运用于解决实际问题一方面可以检验学生对概念的理解情况，另一方面也可以巩固及深化所学的物理概念。在实践中运用出现问题可以更好地显现出学生理解和掌握的不足之处，教师以此为依据进行有目的性的教学，有利于概念的有效形成。

①让学生利用所学物理概念联系生活生产中的相关现象并解释。要将物理概念教学与生活生产实际相联系，物理概念的实际运用主要分为两个阶段：一是简单运用阶段，学生能够将所学的物理概念与生产生活中的简单物理现象准确联系并精确解释；二是灵活运用阶段，能够将物理概念灵活并富有创造性应用到较为陌生与复杂的物理情境中。学生通过理论与实际相联系这样一个过程分析问题、解决问题。

②典型例题应用中巩固。在概念教学的过程中，经常采用习题训练的方式巩固所学概念。选取典型例题，并进行一题多变等拓展变化，在解决问题的过程中理解得到提升。习题训练并不等同于"题海战术"，重复单一枯燥的训练只能达到熟悉知识点、熟悉概念的目的，并不能让学生深入思考概念的意义与内涵，为了达到训练的目的，习题的选择是关键。习题选择需要注意以下几点：

第一，习题紧扣所学概念，难度适中，能在一定程度上保护学生的自信心，要让学生经过自主思考分析探究才能得出正确答案。

第二，不要在相同概念知识点进行多次重复训练，尽量不要在课堂上选择只需要记忆背诵概念就能得出答案的习题。

第三，概念习题的选择要具有典型性，题目要能够从不同角度阐述所学概念，做题过程中运用自己的认知体系分析比较相关概念的区别与联系，才算真正意义上掌握概念的内涵与外延。

四、物理概念对应物理量及其教学

（一）物理量

物理概念中用定量的方法来描述事物的本质属性的物理概念又叫"物理量"，

如力学中的长度、时间、质量、速度、加速度等，电学中的电压、电流、电阻等，电场中的电场强度、电容等，磁场中的磁感应强度、安培力等。

物理量要定量描述事物的本质属性，不同物理量之间又存在一定的定量关系，因此物理量教学还涉及物理公式，所以物理量的教学有其自身特点和规律。

（二）物理量教学流程

1. 物理意义

创设情境，解决 2 个问题：为什么要引入这个物理量？如何引入这个物理量？

2. 定义

着力于解决物理量的表述：抓关键字，把握其内涵，理解下定义的方法。

3. 定义式

求解这个物理量有哪些方法和途径？如何测定这个物理量？直接测量还是间接测量，有哪些方法？

4. 单位

从单位能够解释其物理意义吗？符号的规范书写，国际单位制和常用单位的换算关系。

5. 矢量还是标量

既有大小又有方向且遵循平行四边形定则的物理量叫作矢量，反之遵循代数运算的物理量叫标量。分清楚矢量和标量其目的在于：运算规则不同；求解结果表述有差异，矢量求解时既要求大小还要描述其方向，这个往往是学生的易错点和遗漏点。

6. 过程量还是状态量

物理量对应一个过程还是某一状态，是平均值还是瞬时值。

7. 区别联系

这个物理量与其他物理量有何关系？

具体应用物理量教学的"规定动作"进行教学时，还是不能千篇一律的机械套用，否则容易走入僵化。教学时往往要多种教法、多种教学策略、多种技术手段配合起来，充分调动学生，课堂才会充满活力。

（三）物理公式

物理公式教学要注意避免学生死记硬背，生搬硬套，特别是高中物理公式往往有适用条件，因物理公式教学要注意：定义式还是决定式？标量公式还是矢量公式？公式适用条件是什么？

第三节 案例研究 1 速度变化的快慢与方向——加速度

一、教学设计思路

（一）学情分析

在此之前学生已经学会了用位移、速度来描述物体运动的快慢，然而从生活中学生也能体会到仅仅用速度还不能比较准确地描述物体的运动，因为速度也会改变，学生需要一个能够来描述速度变化快慢的物理量，即加速度。加速度这个概念相对前面学习的位移、速度来讲较为抽象，对学生的能力要求较高，因此在概念建立的过程中需要逐步引导，让学生深刻体会加速度的物理意义。

（二）教材分析

本节内容选自教科版新教材高中物理《必修 1》第一章第五节"速度变化的快慢与方向——加速度"。加速度是描述变速运动的一个关键物理量，同时也是联系运动学与力学的一个重要桥梁，因此对加速度概念的建立、认识及应用显得尤为重要。教材通过列举在不同情境下物体运动的速度发生改变，并提出问题，将抽象的加速度结合生活实例，帮助学生建立概念与现实生活的联系，增强感性认识。同时还结合了速度 – 时间图像进一步加强学生对加速度的理性认识，培养学生的抽象思维。

二、教学目标

（一）物理观念

理解加速度的物理意义；

会用加速度的定义式计算其大小；

会判断加速度的方向；

认识速度、速度的变化量和速度的变化快慢之间的关系。

（二）科学思维

经历将生活实际上升到物理概念的过程，体会物理学中的抽象思维；

在给加速度定义时，可类比速度的定义，体会类比法的应用；

通过比值定义法给加速度定义，体会比值定义法的特点。

（三）科学探究

探究物体在加速或减速过程中，加速度与速度间的方向关系，提高学生的分析推理能力。

（四）科学态度与责任

利用实例激发学生的求知欲，激励学生的探索精神。

领会人类探索自然规律中严谨的科学态度，理解加速度概念的建立对人类认识世界的意义，培养学生区分事物的能力及学生的抽象思维能力。

培养合作交流的思想，能主动与他人合作，勇于发表自己的主张，勇于放弃自己的错观点。

三、教学重难点

（1）教学重点：①速度的变化量、速度的变化率的含义。②加速度的定义及物理意义。

（2）教学难点：①理解加速度的定义，树立变化率的思想。②区分速度、速度的变化量及速度的变化率。

四、教学方法

（1）教法：情境教学法、讨论教学法、类比法。

（2）学法：小组讨论法、自主学习法、合作探究法。

五、教学准备

（1）教学器材：多媒体、激光笔、粉笔、黑板擦、投屏器。

（2）教学课时：1课时。

六、教学流程图

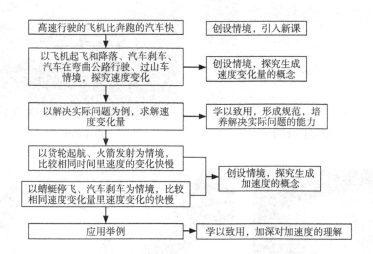

图 3-3　"速度变化的快慢与方向——加速度"教学流程图

七、教学过程

（一）复习回顾

师：同学们，通过前面的学习我们知道，机械运动是一个物体相对于另一个物体位置的改变，同时我们也知道位置的改变有快慢，有方向，那我们用什么物理量来描述物体运动的快慢和方向呢？

生：速度。

师：通过观察我们很容易看出物体运动的快慢和方向。比如，奔跑的猎豹比爬行的乌龟快，高速行驶的飞机比奔跑的汽车快，等等。

（二）新课教学

1. 速度的变化量 Δv

师：请同学们观察以下几个视频中物体的运动有什么共同的特点（如图 3-4 所示）？

飞机起飞和降落

汽车刹车

汽车在弯曲公路行驶

同学们坐过山车

图 3-4　运动案例

生：物体的速度发生了变化。

师：物体的速度发生了什么样的变化呢？

生：速度的大小发生了变化，有的加速，有的减速；方向也发生了变化。

师：我们如何计算速度的变化呢？

（学生讨论后回答）

生：①用较大的速度减去较小的速度；②用末速度减去初速度。

（学生存疑）

师：我们首先来给速度下一个定义：$\Delta v = v_t - v_0$，即速度的变化量等于末速度减去初速度，因为速度是矢量，所以速度的变化量也应该是矢量，它有大小也有方向。以直线运动为例，在计算时，我们规定初速度的方向为正方向，与初速度的方向相同，即为正方向，与初速度的方向相反，即为负方向，这样就将矢量运算转化为了代数运算，接下来我们就来计算一下速度的变化量。请同学们计算如下几种情况时物体速度的变化量并表示出来（如图 3–5 所示）。

V_0 = 3 m/s
V_t = 7 m/s
V_0 = 7 m/s
V_t = 3 m/s

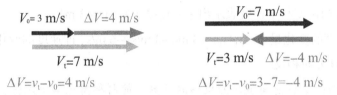

图 3–5　速度变化图

生:（学生讨论后作答，如图 3–6 所示）

V_0= 3 m/s
ΔV=4 m/s
V_t=7 m/s
$\Delta V=v_t-v_0$=4 m/s
V_0=7 m/s
V_t=3 m/s
ΔV=–4 m/s
$\Delta V=v_t-v_0$=3–7=–4 m/s

图 3–6　速度改变量

师：同学们的表示非常准确，请问同学们 Δv=–4 m/s 中的“–”代表什么含义呢？

生：①“–”代表速度的变化量的方向与规定的正方向相反；②速度减小了 7 m/s。

师：那如果是这种情况，速度的变化量是多少呢如图 3–7 所示？

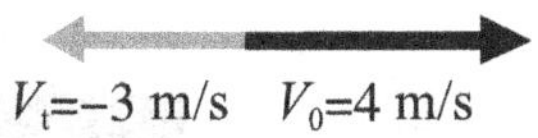

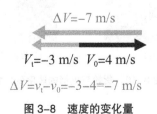

V_t=–3 m/s
V_0=4 m/s

图 3–7　求速度的变化量（1）

生:（学生讨论后作答，如图 3–8 所示）

ΔV=–7 m/s
V_t=–3 m/s
V_0=4 m/s
$\Delta V=v_t-v_0$=–3–4=–7 m/s

图 3–8　速度的变化量

师：请同学们注意，当初速度与末速度方向不同，在计算时需要特别注意其方向的表示，并且 Δv 为负值并不一定是速度减小了，而是速度向着负方向变化了。请同学们以下面情境为例，规范书写小球在碰撞过程中速度变化量的过程（如图 3–9 所示）。

图 3–9　求速度的变化量（2）

生：（1）规定初速度的方向为正方向．

（2）将初速度与末速度表示出来：$v_0=3$ m/s，$v_t=-3$ m/s。

（3）速度的变化量 $\Delta v=v_t-v_0=-3$ m/s-3 m/s$=-6$ m/s，即速度的变化量为 6 m/s，方向与初速度方向相反。

设计意图：结合前面学习的位移的计算，前两种情况学生能比较轻松地得出结论，但当初速度与末速度方向不同时，学生根据运算法则虽然可以得出结论，但理解起来有一定难度，由此向学生说明，速度变化量的真正含义是速度向某个方向发生了改变，而不是增大或减小。最后以真实的情境为例，整理求解速度变化量的过程，形成规范。

2.速度的变化快慢——加速度

师：请同学们观察如下两个变速运动，并说出有什么异同（如图 3–10 所示）？

△万吨货轮起航，10s 内速度增到 0.2m/s　　　△火箭发射时，10s 内速度能增到约 10^2m/s

图 3–10　货轮与火箭的速度变化量

生：货轮与火箭运动的时间相同，但是速度变化量不同，火箭的速度变化量更大。

师：那么谁的速度变化更快呢？

生：火箭。在相同的时间内，火箭的速度变化量更大，所以速度变化快。

师：再请同学们观察这两个变速运动，它们谁的速度变化更快呢（如图 3-11 所示）？

△以 8 m/s 的速度飞行的蜻蜓，能在 0.7s 内停下来

△以 8 m/s 的速度行驶的汽车，急刹车时能在 2.5s 内停下来

图 3-11　蜻蜓与汽车的速度变化量

生：蜻蜓。蜻蜓和汽车的速度变化量相同，但蜻蜓所用时间更短。

师：看来我们在比较物体速度变化快慢时可以找一个相同的量，再来比较另一个量。那如果物体的速度变化量和时间都不相同怎么办呢？比如，刚才的火箭和蜻蜓谁的速度变化更快呢？

生：用速度的变化量除以时间，比较单位时间内的速度变化量，结果更大的速度变化更快。

师：其实这种比较方式同学们并不陌生，我们前面在研究物体位置变化快慢的时候，用位置的变化量即位移除以时间来进行比较，通过类比，也可以用物体速度的变化量除以发生这一变化的时间来比较速度变化的快慢，我们称之为加速度 $a = \dfrac{\Delta v}{\Delta t}$，加速度的定义不仅建立了加速度、速度变化量和时间的大小关系，同时也建立了单位的关系，请同学们推导一下加速度的单位又是什么呢？

生：加速度的单位为 m/s^2。

师：很好，加速度的单位我们读作米每二次方秒，若物体的加速度为 2 m/s^2，表示的物理意义是在 1 s 内物体的速度改变了 2 m/s。那么加速度作为一个物理量，它有没有方向呢？如果有方向，它的方向又如何呢？

生：是或不是（学生在此可能会有疑惑，根据教材的安排，在数学上此阶段还未学习矢量运算，因此不清楚一个矢量除以一个标量结果仍然是一个矢量）。

师：其实加速度它是一个矢量，解释这个问题我们需要运用数学知识，从数学中我们知道一个向量（物理学中的矢量）除以一个标量，结果仍然是一个向量，速度的变化量是矢量，时间是标量，因此加速度还是一个矢量，当然 $a=\dfrac{\Delta v}{\Delta t}$ 同时也表示方向的关系，说明加速度的方向与 Δv 方向相同。那请同学们思考，根据加速度和速度变化量的关系来看，是不是速度的变化量越大，加速度就越大呢？请举例说明。

生：不是，还需要看发生这一变化的时间，如果发生这一变化的时间很长，加速度也可能很小。

师：那是不是速度越大，加速度就越大呢？请举例说明。

生：不是，速度大但是如果速度不改变，加速度为零。

师：同学们分析得很清楚，也就是说其实加速度的大小和速度、速度的变化量没有必然的联系，请同学们计算下列情境中加速度的大小（如图 3-12 所示）。

不同情境	v_0 /m·s^{-1}	Δt/s	v_t /m·s^{-1}	a /m·s^{-2}
A. 自行车下坡	2	3	11	
B. 公共汽车进站	6	3	0	
C. 某舰艇出航	0	20	6	
D. 火车进站	20	100	0	
E. 飞机匀速飞行	300	10	300	

图 3-12　求不同情境加速度的大小

生：（如图 3-13 所示）

不同情境	v_0 /m·s^{-1}	Δt/s	v_t /m·s^{-1}	a /m·s^{-2}
A. 自行车下坡	2	3	11	3
B. 公共汽车进站	6	3	0	−2
C. 某舰艇出航	0	20	6	0.3
D. 火车进站	20	100	0	−0.2
E. 飞机匀速飞行	300	10	300	0

图 3-13　不同情境加速度的大小

师：由此可看出，哪种情境下速度变化最快呢？

生：自行车下坡时速度变化最快。

师：通过大家的计算，我们发现加速度有正有负，那么加速度为正是否就代表物体做加速运动，加速度为负物体就做减速运动呢？

生：加速度为正只表示加速度的方向与规定的正方向相同，加速度为负表示加速度的方向与规定的正方向相反。

师：也就是说加速度的正负与物体的加速减速无关，那么物体在什么情况下做加速运动，什么情况下做减速运动呢？请同学们结合初速度、末速度以及速度变化量的关系来进行讨论。

生：根据 $\Delta v = v_t - v_0$，可知 $v_t = v_0 + \Delta v$，当与 Δv 方向相同时，即 v_0 与 a 方向相同时物体做加速运动，v_0 与 a 方向相反时物体做减速运动。

设计意图：通过情境导入的方式，让同学去比较运动的异同，让同学发现已有的物理量已经不能准确描述物体的运动了，于是需要引入新的物理量来描述物体运动变化的快慢，即加速度。同学能类比速度的定义，运用比值定义法来定义加速度，不仅温故了旧知，也建立了新知和旧知的联系，为同学搭建前进的台阶，使同学更容易接受加速度这一抽象概念。

3. 总结

师：同学们，我们本节课学习了加速度这个概念，请同学们回答以下几个问题：

（1）加速度的物理意义是什么？

（2）如何定义的加速度？其方向如何？单位是什么？

（3）采用了怎样的定义方式定义了加速度？

（4）如何判定物理做加速运动还是减速运动呢？

生：（1）加速度是用来描述物体速度变化快慢的物理量。

（2）加速度 $a = \dfrac{\Delta v}{\Delta t}$，方向与 Δv 方向相同，单位是 m/s^2。

（3）采用了比值定义法定义了加速度

（4）v_0 与 a 方向相同时物体做加速运动，v_0 与 a 方向相反时物体做减速运动。

八、作业布置

例1 关于速度、速度变化量、加速度，下列说法正确的是（ ）。

A. 物体运动的速度变化量越大，加速度一定越大

B. 某时刻物体速度为零，其加速度可能很大

C. 速度很大的物体，其加速度有可能很小，但不能为零

D. 加速度很大时，运动物体的速度一定很大

例2 A、B 两物体均做直线运动，其中 A 的加速度恒为 $a_1 = 1.0$ m/s^2，B 的加速度恒为 $a_2 = -2.0$ m/s^2。根据这些条件做出的以下判断，其中正确的是（ ）。

A. B 的加速度小于 A 的加速度

B. A 做的是加速运动，B 做的是减速运动

C. 两个物体的速度都不可能为零

D. B 物体的速度变化快

例3 足球以 8 m/s 的速度飞来，运动员把它以 12 m/s 的速度反向踢出，踢球时间为 0.2 s，设球飞来的方向为正方向，则足球在这段时间内的加速度是（ ）。

A. -100 m/s^2　　B. 100 m/s^2

C. 20 m/s^2　　D. -20 m/s^2

例4 一质点自原点开始在 x 轴上运动，初速度 $v_0 > 0$，加速度 $a > 0$，当 a 值不断减小直至为零时，质点的（ ）。

A. 速度不断减小，位移不断减小

B. 速度不断减小，位移继续增大

C. 速度不断增大，当 $a = 0$ 时，速度达到最大，位移不断增大

D. 速度不断减小，当 $a = 0$ 时，位移达到最大值

九、板书设计

如图 3-14 所示为板书设计示意图。

1.5 速度变化快慢与方向——加速度

一、速度的变化量 Δv

1. 定义：速度的变化量等于末速度减初速度

2. 公式：$\Delta v = v_t - v_0$

3. 矢量

二、速度变化快慢与方向——加速度 a

1. 物理意义：描述速度变化的快慢

2. 定义：速度变化量与发生这一变化所用时间的比值

3. 单位：m/s^2　读作：米每二次方秒

2. 矢量：其方向与 Δv 方向一致

问题：如何判断物体做加速运动还是减速运动？

解答：a 与 v_0 方向同向时加速
a 与 v_0 方向反向时加速

图 3-14　"速度变化的快慢与方向——加速度"板书设计

十、教学反思

为突破加速度这一抽象的概念，本堂课结合具体的生活实例进行教学，让学生建立起抽象概念与生活实际的联系，为学生搭建起了认识加速度的台阶。同时也对加速度的大小与方向的具体含义进行了深入理解，在这个过程中通过举例，提出问题，形成矛盾，到最后解决问题，让学生更加丰富地理解了加速度的含义。美中不足的是在这个过程中由于教学条件的限制，无法让学生在课堂上实际地去感受速度变化的快慢，只能通过视频及生活经验进行联想。

第四节　案例研究 2 弹力

一、教学设计思路

（一）学情分析

弹力是生活中的常见力，学生对弹力并不陌生，学生无时无刻不在感受着弹力。同时，经过初中的学习，学生已经知道弹力的基本内容，能够结合生活中的实例来分析弹力，但学生对弹力的认识仅停留在表象认知水平，高中要求学生更加理性地认识弹力，能画出各种复杂情况下的弹力的示意图，并且对弹簧弹力能进行定量计算，这对学生的想象能力及逻辑分析能力和实验能力都有较高的要求，因此本节内容主要采用合作探究及实验的方法帮助学生突破难点，让学生经历科学探究的过程，体验科学的魅力。

（二）教材分析

本节内容选自教科版新教材高中《物理必修1》第三章第二节"弹力"。弹力是力学的核心内容之一，也是受力分析的基础，因此本节内容至关重要。通过初中的学习，学生对弹性和弹性形变、塑性和塑性形变有了初步的了解，也知道了弹力的概念及压力、支持力的方向，对弹力有了基本认识。本节内容首先通过生活实例和实验演示，让学生回顾形变的种类及认识微小形变，学会微小形变放大的方法，再从力的方向与大小的角度来研究弹力，会画出各种接触面间的弹力，最后通过科学探究的方法来研究弹簧的弹力与形变量之间的关系，从感性认知上升到理性认知，培养学生的科学探究能力。

二、教学目标

（一）物理观念

知道什么是弹性形变和塑性形变；

知道什么是弹力和弹力的产生条件，会判断弹力是否产生；

知道常见的拉力、压力和支持力都是弹力，能画出弹力的示意图；

能运用胡克定律计算弹簧弹力的大小。

（二）科学思维

（1）从生活中提炼物理模型，培养学生的建模能力，以及解决实际问题的能力；

（2）体会将微小量放大的过程，学会转换思维，从不同的视角去反映物理现象；

（三）科学探究

经历探究弹簧弹力与形变量关系的过程，体会科学探究在物理学习中的重要作用。

知道处理实验数据的方法，学会用图像处理数据。

（四）科学态度与责任

体会物理模型与生活息息相关，物理来源于生活并高于生活，最后也服务于生活；

通过对胡克定律的探究过程，培养学生的探究精神和对待科学严谨的态度。

三、教学重难点

（1）教学重点：①弹力的产生条件及方向的判定；

　　　　　　　　②实验探究弹簧弹力与形变量的关系。

（2）教学难点：弹力的有无及方向的判定。

四、教学方法

（1）教法：讲授法、启发引导、科学探究法、分析归纳法。

（2）学法：讨论法、自主学习法、实验法。

五、教学准备

（1）教学器材：铁皮尺、橡皮泥、棉线、气球、物块、激光笔、平面镜、玻璃瓶、细吸管、铁架台、弹簧、钩码、坐标纸、多媒体投影等。

（2）教学课时：2课时。

六、教学流程图

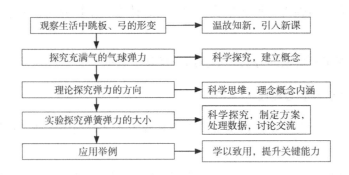

图 3-15 "弹力"教学流程图

七、教学过程

（一）导入：复习形变

师：同学们，今天我们开始学习弹力，首先请大家观察图 3-16 中的木板和弓发生了怎样的变化？

图 3-16 木板与弓的变化

生：木板和弓都弯曲了。

师：我们把木板和弓的弯曲叫作发生了形变，在物理学上，我们把物体的形状或体积的改变叫作形变，同学们还记得形变有哪些种类吗？（教师演示弹簧拉伸和橡皮泥形变，动作引导）

生：形变分为弹性形变和塑性形变。

师：那请同学们具体描述一下什么是弹性形变和塑性形变，并举例说明？

生：使物体发生形变，能够恢复原状的叫作弹性形变，例如压缩弹簧，松手后弹簧恢复原状；不能完全恢复原状的叫塑性形变，例如挤压橡皮泥，松手后也不能恢复原状。

师：看来同学们初中的内容学得很不错，那么请问同学们，老师现在把一本现代汉语词典放在桌面上，桌面是否发生了形变呢？

生：发生或未发生。

师：对于这个问题，同学们存在争议。觉得桌面发生了形变的同学有什么方法可以证明一下呢？

生：可以利用光学放大法将桌面的微小形变放大，利用两块平面镜，将激光笔固定在桌面上，使激光笔照射在平面镜上，激光经过两块平面镜的反射照在墙上，对比将词典放在桌上和拿走时光斑是否移动，就能看出桌面是否发生了形变。

师：同学们的这个方法非常好，老师正好准备了实验器材，下面我们就来验证一下桌面是否发生了形变，请同学们观察如下实验，同学们看到了什么现象（如图 3-17 所示）？

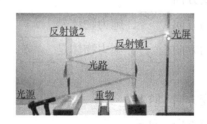

图 3-17 "弹力"实验图

生：光斑移动了，说明桌面确实发生了形变。

师：那再请同学们观察，当把桌上的词典拿走后，光斑又回到了原来的位置吗？

生：回到了原来的位置。

师：那说明这是什么形变呢？

生：弹性形变。

师：很好，再请同学们设想一下，如果老师将一个特别重的铁球放在很薄的桌面上，可能会发生什么样的情况呢？

生：桌面可能会凹陷或者断裂。

师：即发生了塑性形变，这说明弹性形变也是有一定限度的，超过这个限度就变成了塑性形变，因此同学们在以后的实验过程中需要注意这个问题。其实生活中像这样的微小形变有很多，我们也可以有很多种方式可以把这种微小形变放大，请同学们观看教材第 65 页所示两种将微小形变放大的方法，请同学们下来以后尝试做一下这两个实验。那么在高中，我们主要研究的就是以上讲的弹性形变，接下来请同学们观察实验并思考以下问题（如图 3-18 所示）。

图 3-18　气球放在悬空的钢尺上

问题 1：气球的形变方向 ＿＿＿＿＿。

问题 2：钢尺的形变方向 ＿＿＿＿＿。

问题 3：气球受力的方向 ＿＿＿＿，施力物体是 ＿＿＿＿。

问题 4：钢尺受力的方向 ＿＿＿＿，施力物体是 ＿＿＿＿。

生：

问题 1：气球的形变方向 <u>向上</u>。

问题 2：钢尺的形变方向 <u>向下</u>。

问题 3：气球受力的方向 <u>向上</u>，施力物体是 <u>钢尺</u>。

问题 4：钢尺受力的方向 <u>向下</u>，施力物体是 <u>气球</u>。

师：同学们回答得完全正确！现在我们来分析一下气球的受力，请问同学们钢尺为什么要给气球一个向上的支持力呢？

生：钢尺受到挤压向下弯曲，它想向上恢复原状，于是给了与它接触的气球一个向上的支持力。

师：那气球为什么会给钢尺一个向下的压力呢？

生：同理，气球受到挤压向上形变，它想向下恢复原状，于是就给了与它接触的钢尺一个向下的压力。

设计意图：通过初中的学习，学生对形变已经有了一定感性认识，也掌握了一定的放大微小形变的方法，可以联系前概念对形变的方向与力的关系进行理论分析，并且总结出弹力的定义及产生条件，这个过程可以充分发挥学生的自主性，培养学生的理论分析能力。

说明：据中学实际教学情况调研，初中物理教学对形变概念、分类教学存在差异性，教师可以根据当地实际情况取舍本部分内容。

（二）新课教学

1. 弹力的概念及产生条件

师：我们把发生弹性形变的物体，由于要恢复原状，对跟它接触的物体产生力的作用称之为弹力。

说明：弹力概念的建立要紧紧抓住发生弹性形变的物体要力图恢复原状。

请大家根据上述案例分析总结弹力的产生条件是什么？（教师启发引导）

生：①接触；②发生弹性形变。

2. 弹力的方向

师：请同学们继续思考，根据弹力的产生原理，弹力的方向和弹性形变的方向有什么关系呢？

生：发生弹性形变的物体，其弹力方向与其形变的方向相反。

师：很好，其实大量的实验都表明了这样一个结果。那么请同学们画出以下情境中 *A* 物体所受弹力的示意图（如图 3-19 所示）。

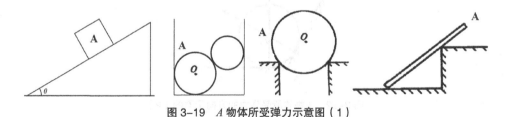

图 3-19　*A* 物体所受弹力示意图（1）

生：（如图 3-20 所示）

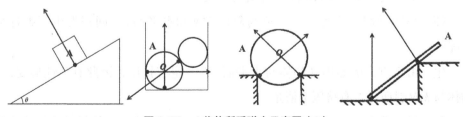

图 3-20　*A* 物体所受弹力示意图（2）

师：以上模型中存在几种情况的接触面，①平面与平面；②平面与曲面；③曲面与曲面；④平面与点；⑤曲面与点。请同学们根据以上模型总结出各接触面间的弹力方向有什么特点。

生：①平面与平面间的弹力方向垂直于接触面指向受力物体；②平面与曲面间的弹力方向过接触点垂直于平面指向受力物体；③曲面与曲面间的弹力方向过接触点垂直于曲面切线指向受力物体；④平面与点间的弹力方向过点垂直于平面指向受力物体；⑤曲面与点间的弹力方向过点垂直于曲面的切线指向受力物体。

师：同学们总结得很正确，接下来请同学们画出如图 3-21 情境中静止的 A 物体所受弹力的方向。

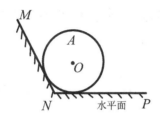

图 3-21　A 物体所受弹力的方向示意图（1）

生：（如图 3-22 所示）

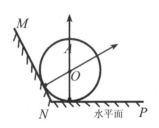

图 3-22　A 物体所受弹力的方向示意图（2）

师：同学们，相互接触的两物体间一定有弹力吗？

生：不一定，要相互接触且发生弹性形变。

师：那同学们怎么肯定 A 物体与斜面 MN 和水平面 NP 间都发生了弹性形变呢？

生：由于重力的原因 A 物体与水平面 NP 一定有挤压，因此有弹性形变，A 物体与 MN 斜面是否有挤压不清楚。

师：目前看来，运用弹力的产生条件已经无法判断出相互接触的两物体之间是否存在弹力了，因此我们还需要其他的方法来帮助我们来判断弹力的存在与否。那同学们有什么更好的方法吗？

生：可以假设 A 物体与斜面 MN 间存在斜向右上方的弹力，在这样的受力情况下，A 物体应该会向右运动，但是 A 物体又处于静止状态，因此假设错误，则说明 A 物体与斜面 MN 间没有弹力。

设计意图：学生根据生活经验可以判断出一般接触面间的弹力，但也容易进入接触即有弹力的误区，不仅要教会学生运用条件法来判断弹力的有无和方向，也要学会通过假设法去检验受力分析是否正确，并找到准确的弹力。

师：方法不错，可以运用假设法，通过运动来反映受力情况是否正确。根据同学们的思路，其实我们也可以假设 A 物体与斜面 MN 间不存在弹力（撤去斜面 MN），发现 A 物体的运动状态不受任何影响，则说明我们假设正确。因此，我们不仅要学会运用条件法，也要会运用假设法来判断弹力的有无。接下来再请同学们判断出以下我们常见的"轻绳"和"轻杆"的弹力方向，两模型均为静止状态（如图 3-23 所示）。

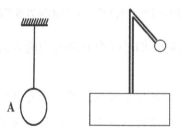

图 3-23　"轻绳"和"轻杆"的弹力方向（1）

生：轻绳对小球的弹力过接触点指向轻绳收缩方向；同理轻杆的弹力也是过接触点指向轻杆的方向（如图 3-24 所示）。

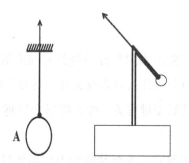

图 3-24　"轻绳"和"轻杆"的弹力方向（2）

师：轻绳的弹力方向指向其收缩的方向是因为轻绳只能被拉伸，弹力的方向与其形变的方向相反，可是轻杆不仅能被拉伸，还能被压缩、弯曲、扭转等，也就是说其形变的方向可以是很多方向，因此轻杆的弹力方向就不一定是沿着轻杆了。那同学们还有什么方法可以准确地说明轻杆对小球的弹力方向呢？

生：假设法。假设没有轻杆则小球无法静止，小球静止则说明一定有一个力与重力平衡，这个力只能是轻杆给的弹力，由此说明轻杆给小球的弹力是竖直向上的，如图 3-25 所示。

图 3-25 "轻杆"给小球的弹力示意图

师：分析正确，看来同学们已经会判断弹力的方向了，接下来我们就来研究一下弹力的大小。

设计意图：轻杆和轻绳是常见模型，学生容易将轻杆与轻绳模型混淆，误认为轻杆的弹力一定沿杆。为突破此难点，可以从形变的角度入手，让学生认识到轻杆可以发生压缩、弯曲、扭转等形变，那么其产生的弹力方向与形变的方向相反，学生也就能理解杆的弹力不一定沿杆，而应该结合物体的受力分析来确定弹力的方向。

3. 弹簧弹力的大小

（1）提出问题。

师：在高中阶段，只要求大家掌握弹簧弹力的定量计算方法。根据初中的学习，同学们知道弹簧的弹力与什么因素有关呢？具体有什么关系呢？

生：弹簧的弹力与其形变量有关，弹簧的形变量越大，弹力越大。

（2）猜想假设。

师：现在我们就要来研究一下弹簧的弹力与形变量之间的定量关系？请同学

们大胆地猜测一下，可能是什么关系呢？

生：弹簧的弹力可能与形变量成正比关系，也可能与形变量的平方成正比，等等。

（3）制订方案。

师：同学们的猜想是否正确呢，我们需要制订实验方案，从实验中来寻找答案。现在请同学们小组讨论，思考以下几个问题：①实验中需要测定哪些物理量？②什么样的实验装置方便测量这些物理量？③用什么测量工具，如何进行测量？④如何处理测量到的实验数据？

生：①需要测量弹簧的弹力和其伸长量；②用铁架台将弹簧竖直悬挂，将钩码挂在弹簧的下端；③钩码静止时弹簧的弹力等于钩码的重力，在弹簧旁边固定一块米尺，根据挂钩码前后弹簧所在位置的刻度之差可以得到弹簧的形变量；④改变钩码的个数，进行多次测量，将数据记录在表格中，画出弹簧弹力与形变量的图像，根据图像分析其关系。

师：下面请各小组运用手边的实验器材进行实验，实验中请大家注意以下几个问题：①刻度尺要竖直且尽量靠近指针来减小读数误差；②每次读数后待钩码稳定后再读数；③读数过程中需精确到 0.1 mm；④实验过程中注意不要超出弹簧的弹性限度。下面请大家进行实验。

（4）进行实验。

（5）数据分析，得出结论。

师：请同学们派代表分享你们的实验结果。

生：通过实验发现所有的点几乎分布在一条过原点的倾斜直线上，这说明在误差允许范围内，弹簧的弹力与其形变量呈正比（如图 3-26 所示）。

序号	钩码质量 m/kg	弹簧弹力 ($g=9.8\ m/s^2$) F/N	弹簧总长度 l/cm	弹簧形变量 $\Delta x/cm$
1	0	0	16	0
2	50	0.49	24.10	8.1
3	100	0.98	32.10	16.10
4	150	1.47	40.12	24.12
5	200	1.96	48.05	32.05
6	250	2.45	56.03	40.03
7	300	2.84	64.12	48.12

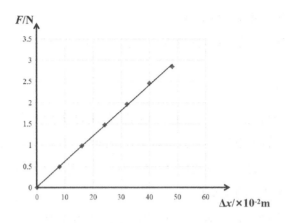

图 3-26　弹簧弹力与其形变量呈正比

师：这个结果具有普遍性吗？其他小组的同学也得到了这样的结果吗？

生：我们也得到了一条过原点的倾斜直线，但斜率与上面同学不同。

师：很好，看来弹簧弹力与形变量成正比的规律是普遍的，于是我们可以把他们的关系表示为 $F=k\Delta x$，其中 k 表示比例系数，单位为 N/m。根据实验，各小组得到的斜率不同，即 k 值不同，那请同学们相互比较一下不同组的弹簧有什么不同吗？

生：我们发现弹簧的软硬不同，硬一点的弹簧测出来的 k 值更大，软一点的弹簧 k 值更小。

师：这也就说明了 k 反映了弹簧本身的性能，不同的弹簧 k 值不同，我们把它称之为劲度系数。弹簧不仅伸长时有这样的结论，压缩时也同样有这样的结论。我们以上完成的实验探究过程，早在 1678 年英国的物理学家胡克就已经做过了，因此称之为胡克定律：在弹性限度内，弹簧弹力的大小与弹簧的伸长（或缩短）量成正比，即 $F=k\Delta x$，其中 k 表示比例系数，单位为 N/m。

设计意图：通过对弹簧弹力大小进行探究，让学生体会学科探究的过程，学会用实验去研究遇到的问题，培养了学生的科学探究思维和实验能力。在探究过程中通过提问的方式为学生搭建好科学探究的台阶，让学生能够发挥其主观能动性。

（三）课堂小结

师：同学们，通过本节课的学习，请大家回答以下几个问题：

弹力是如何产生的？产生条件？

弹力的方向与形变方向的关系？

如何判断弹力的有无？

弹簧弹力大小与形变量的关系？

生：（1）弹力是发生弹性形变的物体，由于要恢复原状，对跟它接触的物体产生力的作用称之为弹力，其产生条件是接触并发生弹性形变。

（2）物体产生的弹力方向与其自身形变的方向相反。

（3）运用产生条件法和假设法判断弹力有无。

弹簧弹力与其形变量成正比，即 $F=k\Delta x$，其中 k 表示比例系数，单位为 N/m，与弹簧本身性能有关。

八、作业布置

例 1 当一个物体静止于水平桌面上时，则（   ）。

A. 物体对桌面的压力就是该物体的重力

B. 物体对桌面的压力使该物体发生形变

C. 桌面形变产生对物体的支持力

D. 以上说法均不正确

例 2 请画出以下模型中杆与球所受弹力示意图。

图 3-27 杆与球所受弹力模型示意图

例 3 一根劲度系数为 103 N/m 的弹簧，在受 500 N 的力作用时，长度为 63 cm，当不受外力作用时，弹簧的长为（   ）。

A. 83 cm   B. 13 cm   C. 113 cm   D. 38 cm

例 4 探究弹力和弹簧伸长的关系时，在弹性限度内，悬挂 15 N 重物时，弹簧长度为 0.16 m；悬挂 20 N 重物时，弹簧长度为 0.18 m，则弹簧的原长 L 原和劲度系统 k 分别为（　　）

A. L 原 = 0.02 m，k = 500 N/m

B. L 原 = 0.10 m，k = 500 N/m

C. L 原 = 0.02 m，k = 250 N/m

D. L 原 = 0.10 m，k = 250 N/m

九、板书设计

如图 3-28 所示为板书设计示意图。

3.2 弹力

一、形变
1. 弹性形变←能恢复原状
2. 塑性形变←不能完全恢复原状

二、弹力
1. 定义：发生弹性形变的物体，由于要恢复原状，对跟它接触的物体产生利的作用。
2. 产生条件：（1）接触
　　　　　　　（2）发生弹性形变

3. 方向：与自身形变的方向相反
4. 接触面弹力有无得判断方法：条件法、假设法

三、胡克定律
1. 内容：在弹性限度内，弹簧弹力的大小与弹簧的伸长（或缩短）量成正比
2. 公式：$F = k\Delta x$，其中 k 表示比例系数，单位为 N/m

图 3-28 "弹力"板书设计

十、教学反思

本节课从学生已有的前概念入手，带着学生回顾了形变，运用"条件法"和"假设法"解决了弹力的方向问题，并带领学生通过科学探究得出胡克定律，为后面的受力分析打下了良好的基础，同时也培养了学生的逻辑分析能力，实验探究能力，动手能力等，在实际课堂中学生的反应良好。不足之处在于实验室条件有限，不能完全满足部分同学要求用力传感器测量弹力的要求。

第五节 案例研究3向心力 向心加速度

一、教学设计思路

本节内容研究向心力和向心加速度，是学生在学习完圆周运动的运动学描述量（线速度、角速度、周期频率和转速）后，准备从动力学角度研究圆周运动。对任何一个运动的学习，都是先描述它怎么运动（运动学），再搞清楚它为什么要这样运动（动力学）。学生在必修1学习直线运动就已经经历过这样的逻辑过程，有一定的方法基础；圆周运动要比直线运动复杂，但好在经过了必修1力和加速度等概念及曲线运动（抛体运动）的学习，也具备了相应的知识基础。学生知道曲线运动是变速运动，合外力和加速度都不为零，但圆周运动的研究有别于抛体运动的研究，抛体运动主要从分解角度进行研究，可以直观地将一个抛体运动分解为两个方向的直线运动，圆周运动不这样处理，但依然可以沿用"化曲为直"的思想，主要是通过微元思想，将圆周运动转化为直线运动进行研究，这一点和抛体运动处理思想上是统一的。所以，在本节教学中，要继续渗透化曲为直的"微元"极限思想。本节内容是力和加速度概念的具体化，即将直线运动的受力和加速度拓展到圆周运动，丰富了力和加速概念的内涵。从必修1到必修2，力和加速度的概念从情境的具体化、特殊性抽象为一般性，再从概念的一般性到概念的具体化，中间经历思维的归纳和演绎过程，所以在本节教学中，要注意对归纳和演绎两种科学思维方法的渗透，体现新课程，新高考背景下的核心素养的培养。

二、教学目标

（一）物理观念

（1）知道向心力，通过实例认识向心力的作用及向心力的来源；

（2）通过实验，理解向心力的大小与哪些因素有关，能运用向心力公式进行计算；

（3）知道向心加速度及其公式，能用牛顿第二定律分析匀速圆周运动的向心力和向心加速度。

（二）科学思维

经历形成向心力概念的建立过程，培养学生观察能力、抽象概括和归纳推理能力。

（三）科学探究

通过创设一定的情境，让学生经历探索向心力与哪些因素有关的过程，学习控制变量法，培养学生实验探究和理论探究相结合的探究能力。

（四）科学态度与责任

学习科学思维方法和科学探究态度，培养学生对科学的好奇心与求知欲，使学生乐于探究自然界的奥秘，使学生在科学探究中体会到科学探究的魅力，体验到成功的快乐。

三、教学重难点

（1）教学重点：向心力、向心加速度概念的建立过程。
（2）教学难点：微元法推导向心加速度表达式。

四、教学方法

（1）教法：启发引导法、讲授法、科学探究法、分析归纳法。
（2）学法：分组实验法、自主学习法、合作探究法。

五、教学准备

（1）教学器材：多媒体、多个细线拴小球（有木球和铁球）、向心力演示仪、粉笔、黑板擦。
（2）教学课时：1课时。

六、教学流程图

复习回顾—观察圆周运动—初步建立向心力的概念—实验探究向心力表达式—理论探究向心力表达式—向心加速度。

七、教学过程

（一）导入

师：同学们，我们上一节课学习了描述圆周运动快慢的物理量，请大家回顾一下。

生：线速度、角速度、周期频率和转速。

师：这几个概念分别是从哪些角度描述圆周运动快慢的？为什么？

生：线速度是时间 t 内通过的弧长与时间 t 的比值，是从运动快慢的角度描述圆周运动快慢程度；角速度是单位时间转过的圆心角角度，是从转动快慢角度描述圆周运动快慢程度，当然还有转速、周期和频率也是反映转动快慢的物理量。

师：很好，前面我们学习的物理量主要是用来搞清楚圆周运动是怎么运动的，那今天我们要从力学角度搞清楚它为什么要这样运动。

设计意图：回顾上一节有关描述圆周运动的物理量及它们的关系，为下面探究向心力和向心加速度公式推导做一个知识铺垫。

（二）新课教学

1. 向心力

（1）观察圆周运动，初步建立向心力的概念（如图 3-29～3-31 所示）。

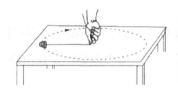   

图 3-29　圆周运动（1）　　　图 3-30　圆周运动（2）　　　图 3-31　圆周运动（3）

师：如图 3-29 是用细线拴一小木塞在光滑水平桌面上做匀速圆周运动，图

3-30 是月球环绕地球做匀速圆周运动，图 3-31 是游乐场旋转秋千，请大家分别对小木塞、月球和人做受力分析，并思考他们做匀速圆周运动的原因。

生 1：小木塞受重力、桌面的支持力及细线的拉力。小木塞做匀速圆周运动的原因是细线拉力的作用。

生 2：月球绕地球做圆周运动的原因是受到地球对它的引力作用。

生 3：人在旋转秋千上受到自身重力和绳子的拉力作用，做匀速圆周运动的原因是拉力的水平分力的作用。

师：很好！这三个匀速圆周运动的受力有什么共同特点呢？

生：都会有一个力或者分力指向圆心。

师：如果没有了这个力物体会怎么运动？

生：都会沿圆周运动的切线飞出。

师：那这个力的作用是什么？

生：改变物体的速度方向

师：改变速度大小吗？为什么？

生：只改变方向，不改变大小，原因是这个力始终和速度方向垂直。

师：大家归纳得很好。做圆周运动的物体都会受到沿半径方向的力，这样的力就叫向心力。（黑板板书"向心力"三个字）

师：那接下来我们对向心力这个概念下一个定义，即什么叫向心力呢？

生 1：指向圆心的力就叫向心力。

生 2：不对，我觉得应该修订为"指向圆心的合力才叫向心力"。因为图 3-31 的情况并没有那个力直接指向圆心，而是重力和绳子拉力的合力指向圆心。

师：大家觉得，要不要加上一个"合"字？

生：我觉得应该加，原因是图 3-29 和图 3-30 物体受到的力都可以看成指向圆心的合力，一个"合"字可以统一三种情况。

师：用细线系一个小球，将小球拉起一定的高度静止释放，当小球经过圆周运动最低点的时候，细线拉力与小球重力大小什么关系呢？向心力是不是仅由细线拉力来提供呢？

生：如果细线拉力等于重力的话，将没有力改变小球速度的方向，所以细线拉力应该大于重力，其合力改变小球速度的方向，即提供小球做圆周运动的向心力，所以最低点向心力由拉力与重力的合力提供。

师：很好！经过大家的讨论和分享，我们可以最终得到向心力的定义、方向和作用。（黑板上板书对应内容）

设计意图：设计此环节目的在于加强对向心力概念的理解，其中学生的易错点容易忽视掉定义里面的"合"字。同时也提高了学生观察和归纳的能力。

师：既然向心力只改变速度的方向，不改变速度的大小，对于做匀速圆周运动的物体所受的合外力有什么特点呢？变速圆周运动呢？

生：匀速圆周运动是指速率不变的运动，所以合外力时刻指向圆心；而变速圆周运动，由于速率要改变，合外力的径向分力提供向心力，切线分力改变速率，所以合外力不指向圆心。

设计意图：设计此问目的在于强化学生对向心力作用的理解，树立核心素养里面力和运动的观念。

（2）感受向心力大小，探究向心力公式。

师：接下来请每个同学将桌子上拴了细线的小球像图 3-29 一样甩动起来，感受和猜想向心力大小与哪些因素有关？

（学生完成实验并开展小组讨论交流）

①猜想与假设。

生1：向心力大小和物体质量有关，如果用质量更大的铁球，细线拉力更大。

生2：和细线长度有关，如果将细线变长，感觉拉力越大。

生3：还和转动快慢有关，转动越快，细线拉力越大。

……

师：很好，刚才大家猜想并进行了验证，向心力大小和物体质量、做圆周运动的半径及圆周运动的快慢有关，而且初步体验是正向相关的，接下来我们用实验半定量来探究这个问题。

②半定量实验探究

师：大家先阅读教材上向心力演示仪的相关说明，再回答以下问题：①向心力演示仪如何显示向心力大小？②向心力演示仪如何做到探究向心力与其中某一个量的关系，而控制剩余物理量不变的？

生1：如图 3-32 所示，转动手柄 1，可使变速塔轮 2 和 3 及长槽 4 和短槽 5

随之匀速转动，槽内的小球就做匀速圆周运动。小球做圆周运动的向心力由横臂6的挡板对小球进行压力提供，球对挡板的反作用力通过横臂的杠杆使弹簧测力套筒7下降，从而露出标尺8，标尺8上露出的红白相间等分格子的多少可以显示出两个球所受向心力的大小。

生2：小球有一个铁球和两个铝球，做到了控制质量相同和不同；小球可以放在6的挡板处，做到了可以控制半径相同和不同；皮带分别套在塔轮2和3上的不同圆盘上，可以控制两个塔轮的转速相同和不同，以探究物体做圆周运动向心力大小的影响因素。

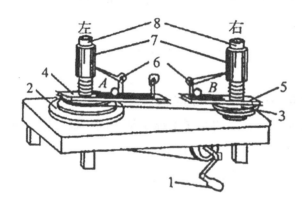

图 3-32 向心力演示仪

设计意图：由于向心力演示仪教材上有详细的解读说明，所以在做该实验前，让学生带着问题阅读教材，并由学生讲解是搞清楚向心力演示仪原理的最好选择。

师：两位同学讲得非常好！接下来我们一起来完成这个演示实验。我们实验地目的是探究向心力大小和物体质量、做圆周运动的半径和转动快慢三个物理量的关系，请两个同学为一组，先设计实验方案，然后上讲台完成演示实验。一个同学负责讲解，另一位同学负责实验操作。

（学生思考，并组内讨论交流设计方案。）

学生演示1：质量 m 和半径 r 确定时，向心力与角速度的关系。

生1组：我们是先控制小球质量和做圆周运动的半径相同，探究向心力大小和角速度的关系。如图 3-32 所示，我们将两个铝球放在6位置半径相等的两处，将皮带分别套在塔轮2和3上的不同圆盘上，2这边圆盘半径大于3这边圆盘半径，由于 2 和 3 是用同一条皮带相连，两圆盘边缘上的线速度大小相等，角速度和半径成反比，所以 2 这边小球转动慢于 3 这边，接下来大家注意观察是否 2 这边向心力要小于 3 这边？（另一学生操作，实验现象显示为 2 这边向心力要小于 3 这边。）

学生演示 2：半径 r 和角速度确定时，向心力与质量 m 的关系。

生 2 组：我们组是先控制小球转动快慢和做圆周运动的半径相同，探究向心力大小和质量的关系。将铁球放在 6 处左边，铝球放在 6 处右边，两球做圆周运动半径相等，再将皮带套在 2、3 相同半径的圆盘上，由于皮带上线速度大小相等，圆盘半径相等，所以两边小球转动快慢相同，接下来大家注意观察是否铁球这边向心力要大于铝球这边。（另一学生操作，实验现象显示为铁球这边向心力要大于铝球向心力。）

学生演示 3：质量 m 和角速度确定时，向心力与半径 r 的关系。

生 3 组：我们是先控制小球质量和转动快慢相同，探究向心力大小和圆周运动半径的关系。小球都用铝球，但是左边铝球放在半径更大的位置，再将皮带套在 2、3 相同半径的圆盘上，由于皮带上线速度大小相等，圆盘半径相等，所以两边小球转动快慢相同，看是否左边做圆周运动半径更大的铝球需要的向心力大于右边小球需要的向心力。（另一学生操作，实验现象显示为做圆周运动半径更大的这边向心力要大于圆周运动半径小的向心力。）

师：非常好，感谢上台完成演示实验的三组同学。汇总三组同学的实验结论，得到如下表 3-1 内容：

表 3-1 三组同学的实验结论汇总表

序号	二球相同的物理量	不同的物理量	观察结果
1	m、r	ω	ω 越大，$F_{向}$ 越大
2	r、ω	m	m 越大，$F_{向}$ 越大
3	m、ω	r	r 越大，$F_{向}$ 越大

设计意图：由于本实验为演示实验，为了改变演示实验教师一人在台上"表演"，学生在下面"看戏"的被动局面，将全班分成两人一组，共同设计实验方案，然后让小组上台展示，可以最大限度地让每个学生参与进来。

③理论探究。

师：根据表1，我们发现向心力大小和物体质量、做圆周运动的半径和转动快慢成正相关，但究竟向心力的定量表达式是怎么样的，基于目前这个向心力演示仪还不能得到精确的结果，所以我们将从理论角度来探究向心力的表达式。请大家思考，如何进行理论探究呢？

（此问题有难度，可以让学生先独立思考，再相互讨论。）

生：向心力是指向圆心的合力，根据牛顿第二定律，即 $F=ma$，我们只要能得出向心力产生的加速度，即可得到向心力的表达式。

师：非常好！该同学给我们提供了一个很好的思路，那接下来我们就来想办法求出向心力产生的加速度，当然这个加速度我们可以叫作向心加速度，为了简化问题，我们在匀速圆周运动的情况来探究向心加速度的表达式。

师：如图3-33所示，为小球在光滑水平桌面上做匀速圆周运动，假设在某段时间 Δt 内小球从 A 点运动到了 B 点，小球速度变化了吗？

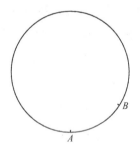

图3-33　匀速圆周运动示意图（1）

生：方向变化了。

师：有加速度吗？可以怎么求解加速度呢？

生：有，可以根据三角形法则求出速度变化量，再根据加速度定义式 $a=\Delta v/\Delta t$ 求解。

师：大家尝试求解一下。

（学生先独立思考，再相互讨论，最后全班交流。现将学生求出向心加速度表达式展示如下。）

生：根据图3-33，做出图3-34。

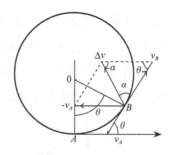

图 3-34 匀速圆周运动示意图（2）

如图 3-34 所示，物体自半径为 r 的圆周 a 匀速率运动至 b，所经时间为 Δt，若物体在 a、b 点的速率为 $v_a=v_b=v$，则其速度的增量 $\Delta v=v_b-v_a=v_b+(-v_a)$，由平行四边形法则做出其矢量图，再由 Δv、v_b 和 v_a 组成的等腰三角形中，有三角函数知识可得：

$$\Delta v = 2v \sin \frac{\theta}{2}$$

当 $\theta \to 0$ 时，$\sin \frac{\theta}{2} = \frac{\theta}{2}$，故 $\Delta v = v\theta$，于是有 $a = \dfrac{\Delta v}{\Delta x} = v\dfrac{\theta}{\Delta t} = v\omega = \dfrac{v^2}{R}$

另由图 3-34 可知 $a = \dfrac{180-\theta}{2}$

可见当 $\theta \to 0$ 时，$\alpha = 90°$，即 Δv 的方向和 vb 垂直，由于 vb 方向为圆周切线方向，故 Δv 的方向指向圆心。因 Δv 的方向即为加速度的方向，可见匀速圆周运动中加速度的方向指向圆心，大小为 $a = \dfrac{v^2}{R}$。

师：非常好！该同学能成功推导出向心加速度表达式的一个重要原因是利用了极限思想。当然，要求解向心加速度还有别的办法，比如刚才我们这位同学是通过三角函数的办法，我也可以不设角度，可以通过相似三角形的办法也可以求出速度变化量 Δv，这种办法就请我们同学课后完成，当成我们今天的作业。

师：当然，我在这里给大家介绍另外一种利用极限思想探索向心加速度的方法。

由于惯性，小球有离开圆心沿切线运动的趋势，而细线的拉力却拉着小球向圆心运动。在从 A 点开始运动的极短时间内，可以认为小球受到的向心力为大小和方向都不变的恒力，即认为小球做平抛运动，由此可以将这个运动可分解成沿切线方向的匀速直线运动和沿半径方向的初速度为零的匀加速直线运动。

设在很短的时间 t 内，小球沿圆周从 A 到 B，可分解为沿切线 AC 方向的匀速直线运动和沿 AD 方向初速度为零的匀加速直线运动。如图 3-35 所示：

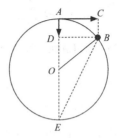

图 3-35　匀速圆周运动示意图（3）

$$AC = vt, \quad AD = \frac{1}{2}at^2$$

由 $Rt\triangle ADB \backsim Rt\triangle EDB$ 可知：$BD^2 = AD \cdot DE$，$BD = AC$

$$(vt)^2 = \frac{1}{2}at^2(2R - \frac{1}{2}at^2)$$

$$v^2 = aR - \frac{1}{4}at^2$$

由于时间 t 很短，即 t 趋近于 0，所以 $\frac{1}{4}at^2$ 趋近于 0，故有：$a = \frac{v^2}{R}$

师：好，我们通过上面多种方法的理论探究，已经初步得到向心加速度的表达式 $a = \frac{v^2}{R}$，请大家推导向心加速度用角速度和周期的表达式。

生：$a = \frac{v^2}{R} = \omega^2 R = \frac{4\pi^2}{T^2}R$

师：那向心力的表达式呢？

生：$F = ma = m\frac{v^2}{R} = m\omega^2 R = m\frac{4\pi^2}{T^2}R$

师：以上向心力的表达式与刚才我们实验得到的结论相吻合吗？

生：吻合的。根据 $F = m\omega^2 R$，向心力和物体的质量、角速度和做圆周运动的半径是呈正相关的。

师：根据 $F = m\dfrac{v^2}{R} = m\omega^2 R$，为什么向心力一会儿和半径成反比，一会儿又和半径成正比呢，有矛盾吗？

生：和半径成反比是在控制质量和线速度不变的情况下，成反比是在控制质量和角速度一定的情况下，所以并没有矛盾。

师：很好，理论探究和实验探究吻合得很好，由此我们就正式得到了向心力的表达式 $F = ma = m\dfrac{v^2}{R} = m\omega^2 R = m\dfrac{4\pi^2}{T^2} R$。

设计意图：由于向心力演示仪不能得到精确的定量的向心力表达式，可以采取理论探究与实验探究相结合的方式来弥补向心力演示仪的不足，同时还强化了学生对加速度概念的理解，强化了微元极限思想方法的应用，为理解向心加速度做了很大的铺垫。

2. 向心加速度

师：通过刚才向心加速度的求解，实际上我们对向心加速度的概念已经理解了，现在我提问来检测大家对向心加速度概念的理解。

师：做圆周运动的物体是由于什么原因产生了向心加速度？

生：由于速度方向的变化而产生的。

师：匀速圆周运动的向心加速度是恒定的吗？

生：不是恒定的，方向发生了变化。

师：那匀速圆周运动属于什么运动呢？

生：属于非匀变速曲线运动。

八、作业布置

例1 试用相似三角形的办法理论探究向心加速度的表达式。

例2 关于向心力的说法中正确的是（　　）。

A. 物体受到向心力的作用才可能做圆周运动

B．向心力是指向圆心方向的合力，是根据力的作用效果命名的

C．向心力可以是重力、弹力、摩擦力等各种力的合力，也可以是其中一种力或一种力的分力

D．向心力只改变物体运动的方向，不可能改变物体运动的快慢

例 3 物体做圆周运动时（　　）。

A．物体受到的合外力方向一定指向圆心

B．物体受到的合外力大小一定等于 $\dfrac{mv^2}{r}$

C．物体受到的合外力大小一定是变化的

D．物体受到的合外力方向一定是变化的

例 4 一小球做半径为 R 的匀速圆周运动，其向心加速度为 a，它的运动周期是（　　）。

A．$T = 2\pi\sqrt{\dfrac{a}{2}R}$　　B．$T = 2\pi\sqrt{\dfrac{R}{a}}$　　C．$T = 2\pi\sqrt{\dfrac{2a}{R}}$　　D．$T = 2\pi\sqrt{\dfrac{R}{2a}}$

九、板书设计

（一）向心力

（1）定义：指向圆心的合力。

（2）方向：沿半径指向圆心。

（3）作用：只改变速度的方向。

（4）匀速圆周运动合外力指向圆心。

（5）大小：$F = ma = m\dfrac{v^2}{R} = m\omega^2 R = m\dfrac{4\pi^2}{T^2}R$

（二）向心加速度

（1）表达式 $a = \dfrac{v^2}{R} = \omega^2 R = \dfrac{4\pi^2}{T^2}R$。

（2）方向：指向圆心。

（3）匀速圆周运动是非匀变速曲线运动。

十、教学反思

概念的建立过程可以分为归纳、演绎、类比和想象过程。本节概念的建立可归结为归纳与演绎过程。归纳体现在对向心力大小的半定量实验探究过程，通过控制变量法，分别得出影响向心力大小的因素，最后将所有因素归纳起来得到向心力的表达式；演绎体现在理论探究向心加速表达式，先从加速度定义式出发，再根据牛顿第二定律得到向心力表达式。

在探究向心加速度表达式时，平时绝大多数教师觉得太难，从而舍弃或者就是让学生自学，其实不然，向心加速度第一种推导方式，学生完全是有能力达到要求的，或者经过教师的引导是可以完成的，按照建构主义理论，这个理论探究过程属于学生"最近发展区"，即属于学生已经具备知识和能力到潜在能达到的知识和能力之间的区域，所以学生"跳一跳"能"够得着"。经历这样的实验探究和理论探究可以强化学生应用数学知识解决物理物体的能力，同时也强化了微元思想，强化了学生对加速度概念的理解，可谓一举多得。我们在教学中，不能因为问题难，问题新，就不让学生去面对，去探索，正是有一定难度的思维活动才能真正促进学生能力的提升，根据脑科学理论，当学生在面临新问题或者有难度问题的时候，大脑被激活的区域远超过熟悉的问题和较容易的问题。

我们在教学过程中要多引导学生从多个角度思考同一问题，如本教学设计既从实验角度，又从理论角度探究向心力表达式；理论探究向心加速度表达式时采取三种方法推导，这些做法，对学生科学思维的培养是大有裨益的！

第六节 案例研究 4 电势能 电势 电势差

一、教学设计思路

（一）学情分析

学生在学习本节之前，已经学完电场力的性质，已初步建立电场、电场强度的概念，知道从力学角度研究和描述电场的方法。本节内容开始，则要求学生从能量角度研究电场，学生已具有的知识和方法是在高中《物理必修 2》"机械能"

这一章所学习的有关做功与能量转化的相关内容；从思维角度讲，学生初步具备从多角度分析问题的能力，但鉴于电场本身比较抽象，学生抽象思维能力有待提高，这也是本节内容的难点。

（二）教材分析

"电场"这一章上承必修力学内容，下启电学部分内容，与力电内容联系紧密，学好电场这一章既能巩固和提升力学知识和方法，又能学习对电磁现象新的研究方法。所以，学好本章具有承上启下的作用。本节内容选自于高中物理教科版选修3-1第一章第四节"电势能 电势 电势差"，是属于从能量角度描述电场，本节内容特点是概念多且抽象，学生不好理解，所以要积极引导学生类比迁移重力势能的相关概念和研究方法，即利用类比推理的思维方法建立电势能、电势和电势差的概念。

二、教学目标

（一）物理观念

（1）知道什么是电势能，知道电场力做功与电势能改变的关系；

（2）理解电势的概念，知道电势和电势差的关系 $U_{AB}=\varphi_A-\varphi_B$，知道电势的值与零电势点的选择有关，知道在电场中沿着电场线的方向，电势越来越低；

（3）理解电势差的概念及其定义式 $U_{AB}=W_{AB}/q$，并会运用此公式进行有关的计算。

（二）科学思维

（1）利用学生已经掌握的知识进行类比、概括讲述新知识，培养学生对新知识的自学能力，类比推理及抽象思维的方法；

（2）通过简洁明快的语言，严谨流畅的逻辑推理，层层深入，类比分析，使学生进一步提高对语言美、逻辑美的审美感受力。

（三）科学探究

（1）通过探究建立电势能、电势和电势差的概念，提高科学探究能力；

（2）经历物理概念的探究过程，认识探究的意义，养成科学探究的行为习惯。

（四）科学态度与责任

通过类比思想，体会大千世界及物理规律的对称美。

三、教学重难点

（1）教学重点：电势能，电势和电势差概念的建立过程。

（2）教学难点：掌握电势能与做功的关系，并能用此解决相关问题。

四、教学方法

（1）教法：类比推理法。

（2）学法：小组讨论法、自主学习法、合作探究法。

五、教学准备

（1）教学器材：多媒体、激光笔、粉笔、黑板擦、投屏器。

（2）教学课时：2课时。

六、教学流程图

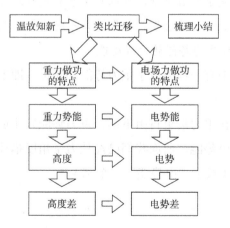

图3-36 "电势能 电势 电势差"教学流程图

七、教学过程

（一）导入

师：先请大家回答两个问题。

（1）电场的最基本性质是什么？电场中某点的电场强度是如何定义的？

（2）将一电荷放入某一电场中从静止释放，不考虑除电场力外的其他力对电荷的作用，该电荷将会怎样？

生1：电场的最基本性质就是对放入其中的电荷有力的作用；电场中某点的电场强度是用放在该点的试探电荷所受到的电场力与该试探电荷的电荷量的比值来定义的。

生2：将会在电场力的作用下运动。

（在学生回答的基础上，教师总结。）

师：电场中某点的电场强度是由电场中该点的空间位置决定的，与试探电荷的正负、电荷量的多少及是否存在试探电荷均无关，反映了电场的一种性质——力的性质。

师：电荷在电场中运动，电荷将获得动能，根据能的转化和守恒定律，电荷获得的动能是由什么能转化而来的呢？

（学生先独立思考，再相互讨论。）

设计意图：学生先思考后讨论，可以在学生有足够思考空间的基础上，再加强学生之间的相互交流和相互启发。如果还是不能回答，教师可以引导学生类比重力场里物体自由落体重力势能转化成动能。

生：电荷在电场中有一种类似于重力势能的能量，即电荷增加的动能来源于这种能量。

师：类比于物体在重力场里自由下落，重力势能转化成动能，电荷在电场中也具有一种势能——电势能。前面我们已经从力学角度描述了电场，今天我们从能量角度来描述电场（板书"电势能"三个字）。

（二）新课教学

1.电场力做功与电势能变化的关系

类比重力做功与重力势能变化的关系，探究电场力做功与电势能的关系。

（1）回顾重力做功的特点。

师：如图3-37所示，重力做功与路径无关，怎么证明？

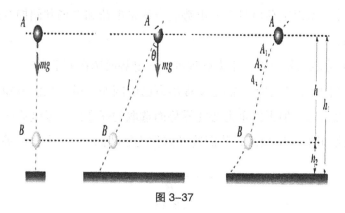

图3-37

生：第一、二条路径重力做的功显然相等，第三条路径由于是曲线，可以采取微元的思想，将原本是曲线的轨迹无线分割成小段的直线段，最后经过累加，重力做的功依然和前两天路径做功相等，即重力做功与路径无关，只由初末位置的高度差决定。

师：很好，如果将图3-37重力改成电场力，是否也可以得到类似的结论？

生：对的。

（2）电场力做功与电势能的变化的关系。

师：电场力做功与电势能有什么关系呢？

生：既然电场力做功与路径无关，只由初末位置决定，类比重力做功引起重力势能变化，那电场力做功也就引起电势能的变化，而且电场力做正功，电势能减小；电场力做负功，电势能增加，即 $W_{AB} = -\Delta E_{PAB} = E_{PA} - E_{PB}$

师：重力做功由初末位置的高度差决定，那电场力做功由初末位置的什么决定呢？让我们拭目以待。

2. 电势能

类比重力势能概念，建立电势能概念。

师：回忆一下重力势能的系统性、相对性和标矢量性。

生：重力势能具有系统性，即是物体与地球共有的能量；重力势能具有相对性，即和零势能面的选取有关；重力势能是标量，但有正负，正负代表大小或者与参考面的相对位置关系。

师：如果我们把刚才同学说的"重力势能"全换成"电势能"，成立吗？

生1：由于电场力是电场施加给电荷的，没有电荷或者没有电场，就不存在所谓的电势能，所以电荷所具有的电势能应该是电荷和电场共同拥有的，即电势能具有系统性。

生2：电势能的相对性，不太好理解，零电势面选在哪里呢？

师：生2同学，非常好，能主动提出自己的问题。虽然我们不知道电场里面零电势能面怎么选，但根据重力势能零势面选取的任意性，零电势面也应该是任意选取的，比如图3-38所示，我们选 B 点作为零势面，A 点电势能等于多少呢？

图3-38

生：等于将试探正电荷从 A 点移到 B 点电场力做的功 W_{AB}。

师：如果选 C 点为零势能面呢，A 点电势能等于多少？选择不同的零势能面，同一个位置的电势能变化了吗？

生：等于将试探正电荷从 A 点移到 C 点电场力做的功 W_{AC}。非常明显电势能变大了，也就是电势能的取值与零势面的选取有关。

师：很好，经过我们的分析，电势能也具有相对性，和零势面的选取有关，一般来讲我们可以选取大地或者无穷远处作为零势能面。

师：电势能是标量吗，它有没有正负？正负代表什么？

（学生先独立思考，再相互讨论。）

设计意图：电势能概念的建立一方面要类比重力势能，另一方面要求学生紧密联系电场力做功与电势能的关系进行分析。这样的设计可以强化学生概念之间的联系，强化对功能关系的理解，强化学生类比推理能力的培养。

生：电势能是标量。如图3-38所示，假设我设 A 点电势能为0，试探正电荷从 A 点移动到 B 点，电场力做正功，电势能减小，所以 B 点电势能为负，且 B 点电势能小于0，即正负代表大小。

3. 电势 电势差

（1）类比电场强度概念的建立过程，建立电势的概念。

师：如图3-38所示，假设我们规定 B 点为零电势能面，在 A 点分别放 q、

$2q$、$3q$……nq 的试探正电荷,请判断它们电势能的大小,并说明原因。

生:试探电荷的电势能随着电荷量的增加而增加,原因是假设将试探电荷从 A 点移动到 B 点,$W_{AB} = E_{PA} - E_{PB} = E_{PA}$,由于电荷量越来越大,电场力做的功就越来越大,电势能就越来越大。

师:也就是电荷的电势能与试探电荷有关,如果将同一个试探电荷放在 A、B 点,电势能则不一样,说明电势能还和什么有关呢?

生:和位置有关。

师:也就是电势能既和试探电荷有关,也和电场中的位置有关。那我们通过上述情境能否找到一个物理量只和电场中的位置有关而与试探电荷无关呢?

(学生思考,讨论。)

生:在 A 点,$E_{PA}/q = 2E_{PA}/2q = 3E_{PA}/3q =...= nE_{PA}/nq$。所以,$E_P/q$ 这个物理量在 A 点是一个定值,是与试探电荷无关的物理量。同理,在其他位置 E_P/q 也是定值,也就是说,E_P/q 是一个只由电场中位置决定而与试探电荷无关的物理量。

师:同学们总结得很好。那 E_P/q 这个物理量有什么物理意义呢?它能反映电场哪方面的性质?

(学生先独立思考,再相互交流。)

生:E_P/q 这个物理从比值定义这个角度讲可以理解为单位电荷所具有的电势能,如果在电场中的某位置,该比值越大,代表在该位置放一个单位电荷,电势能就越大。

师:大家认可刚才这位同学的观点吗?

生:我认为应该说成,在该位置放一个单位正电荷,才能说具有的电势能才越大,如果放的是一个单位负电荷的话,E_P/q 如果越大,电势能反而越小,因为电势能有正负,正负代表大小。

师:该同学提的这一点很好!要注意这个细节,电势能和电荷的电性是有关的。

设计意图:这一环节设置是既为了强化学生对电势能概念的理解的一个回扣和强化,强调电势能的正负,强调电势能与试探电荷量和电性都有关,同时也为凸显电势与试探电荷的电性和电量无关做好一个铺垫。

师:回到刚才我们讨论的问题,E_P/q 可以反映单位正电荷在电场中某位置具有的电势能,比值越大,单位正电荷具有的电势能越大,而且在电场中不同位置,

E_P/q 不同，即它仅由电场决定，它可以描述电场哪方面的性质呢？它和前面我们学习的哪个概念有点类似呢？

生：E_P/q 可以描述电场本身能的性质，与前面我们学习的电场强度 $E=F/q$ 可以对比起来，电场强度是描述电场力的性质。

师：非常好，这就是我们今天要学习的第二个概念——电势 $φ$（教师板书"电势"标题。）

（2）将电势概念类比重力场里高度的概念。

师：为什么我们要引入电势 $φ$？主要是从能量角度来描述电场的性质，根据刚才的分析，我们知道了电势的定义式就是 $φ = E_P/q$。那请大家想想，根据这个定义式，它可以类比重力场哪个物理量？

（学生思考，生生交流。）

生：可以类比 $h=E_P/mg$。

师：很好，虽然电势这个概念比较抽象，但是只要我们类比到我们熟悉的重力场里的高度 h，就可以以高度 h 为支撑，理解电势这个概念。

设计意图：电势概念对学生来讲是非常抽象的，如果能让学生类比熟悉的高度 h，将大大降低理解难度。

师：请大家结合高度 h，思考，电势是否具有相对性？是标量还是矢量？有没有正负？

生：高度 h 与参考面选取有关，只有事先确定参考面，才能说位置的具体高度，同理电场中也应该先选定零势面，才能确定位置的电势，而且选取不同位置为零势面，同一位置的电势不同。

师：能否举例说明电势的相对性？

生：如图 3-38 所示，在 A、B、C 三点中，如果我们选 C 点作为零势点，$φA=E_{PA}/q=W_{PA}/q$；如果选 B 点作为零势点，$φA = E_{PA}/q = W_{PB}/q$。很明显，A 点电势随着零电势点的变化而变化。

师：零电势点可以任意选取，我们一般选取大地或无穷远处为零电势点。在确定好零势点后，请问沿电场线方向，个点电势是怎么变化的呢？

生：如图 3-38 所示，将一试探正电荷从 A 点依次移动到 B 点和 C 点，电场力做正功，电势能减小，根据电势能公式 $E_P=qφ$，电势也就逐渐降低。

师：刚才我们同学是以试探正电荷移动为例，如果我们移动的是负电荷，结论会不会发生改变呢？

生：不会改变。如果是负电荷的话，从 A 点依次移动到 B 点和 C 点，电场力做负功，电势能增大，根据电势能公式 $E_P = q\varphi$，但电荷是负电荷，所以电势也还是逐渐降低。

设计意图：多提一个问题还是为了让学生强化电势、电势能的概念，用刚学过的知识推出新的结论，培养学生演绎推理的科学思维能力。

师：既然电场中位置有电势，那两点间就可以存在电势差，接下来我们一起来学习一下电势差的概念。请大家思考一下电势差的标矢性，有没有正负，是相对的还是绝对的？

设计意图：到了这个层面，学生很容易将电势差和高度差类比起来，类比推理已经成为学生自发的行为，说明学生已经初步具备推理的科学思维能力。

生：电势差可以类比重力场里高度差的概念，高度差是绝对的，与参考面选取无关，所以电势差是绝对的；高度差有正负，代表两个位置的高低，所以我觉得电势差也应该有正负，正负代表两点电势的高低，同时电势差也应该是标量。

师：很好，前面我们讲了重力做功与路径无关，只与初末位置的高度差有关，那能否类比到电场里面，电场力做功也只与初末位置的电势差有关呢？请大家推导。

设计意图：做一个回扣，在讲电场力做功特点的时候，埋下了一个伏笔，电场力做功与初末位置的什么有关，现在让学生利用所学知识进行推导，再次巩固所学，突出了重点，强化了重点，教学效率大大提高！

（学生自己独立推导，再相互交流。）

生：还是根据上图，假设试探电荷从 A 点移动到 B 点，电场力做功为 $W_{AB} = E_{PA} - E_{PB} = q\varphi A - q\varphi B = qU_{AB}$，即电场力做功由初末位置的电势差决定，与重力做功由初末位置的高度差决定完全类比起来。

（3）课堂练习

[例] 如图 3-39，直线 MN 表示某电场中一条电场线，a、b 是线上的两点，将一带负电荷的粒子从 a 点处由静止释放，粒子从 a 运动到 b 过程中的 vt 图线如图（b）所示。设 a、b 两点的电势分别为 φa、φb，场强大小分别为 Ea、Eb，粒

子在 a、b 两点的电势能分别为 Wa、Wb，不计重力，则有（   ）

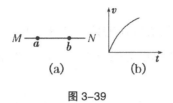

图 3-39

A. $\varphi a > \varphi b$ 　　B.$Ea > Eb$

C. $Ea < Eb$ 　　D.$Wa > Wb$

［解析］　由 vt 图像的斜率减小可知由 a 到 b 的过程中，粒子的加速度减小，所以场强变小，$Ea > Eb$；根据动能定理，速度增大，可知电势能减小，$Wa > Wb$，可得选项 B、D 正确。

［答案］BD。

师：请大家总结一下怎么比较电势能大小，电势高低和场强大小。

（学生先独立总结，再相互交流汇总。最后汇总学生的想法，教师总结如下表 3-2 和表 3-3 所示。）

表 3-2　判定电势能增减的方法

做功判定法	无论是哪种电荷，只要电场力做正功，电荷的电势能一定减少；只要电场力做负功，电荷的电势能一定增加
电场线法	正电荷顺着电场线方向移动，电势能一定减小，逆着电场线方向移动，电势能一定增加；负电荷顺着电场线方向移动，电势能一定增加，逆着电场线方向移动，电势能一定减小
电性判定法	同种电荷靠近时电势能增大，远离时电势能减小；异种电荷靠近时电势能减小，远离时电势能增大

表 3-3　电势高低的四种判断方法

判断角度	判断方法
场源电荷正负法	取无穷远处电势为零，正电荷周围电势为正值，负电荷周围电势为负值；靠近正电荷处电势高，靠近负电荷处电势低

续表

判断角度	判断方法
电场线方向法	沿着电场线方向电势逐渐降低；逆着电场线方向电势逐渐升高
电场力做功法	电场力做正功，电势能减少，若为正电荷，电势降低；若为负电荷，电势升高。电场力做负功，电势能增加，若为正电荷，电势升高；若为负电荷，电势降低
电势能高低法	正电荷的电势能大处电势高，负电荷电势能大处电势低

设计意图：通过这个课堂练习，让学生回顾梳理电势能、电势和电场强度的概念，加强新旧概念的对比，总结电势能大小比较，电势高低比较和场强大小比较的方法。

（三）课堂总结

师：非常好！接下来请大家梳理一下我们今天所学的三个概念：电势能、电势和电势差，类比重力场里的相关概念，最好能形成一个知识框架。

设计意图：知识不是用来传递的，而是用来建构的。当学完一个新内容以后，应当引导学生自我构建新的知识方法体系，使新的知识和方法与学生原有的知识和方法相互作用，相互融合。学生的自我消化和梳理就是一种好方法。

生：我展示一下我梳理的结果，重力场类比电场，重力类比电场力，重力做功类比电场力做功，重力势能类比电势能，高度类比电势，高度差类比电势差。

八、作业布置

例1 将带电量为 $6 \times 10^{-6}C$ 的负电荷从电场中的 A 点移到 B 点，克服电场力做了 $3 \times 10^{-5}J$ 的功，再从 B 移到 C，电场力做了 $1.2 \times 10^{-5}J$ 的功，则

（1）A、C 间的电势差 U_{AC} 是多少？

（2）电荷从 A 移到 B，再从 B 移到 6 的过程中电势能共改变了多少？

解：（1）$U_{AC} = \dfrac{W_{AC}}{q} = \dfrac{W_{AB} + W_{BC}}{q} = \dfrac{-3 \times 10^{-5} + 1.2 \times 10^{-5}}{-6 \times 10^{-6}} = 3 \ V$

（2）$W_{AC} = W_{AB} + W_{BC} = -3 \times 10^{-5} + 1.2 \times 10^{-5} = -1.8 \times 10^{-5}J$

可见电势能增加了 $1.8 \times 10^{-5}J$。

例 2 将一电荷量为 +Q 的小球放在不带电的金属球附近，所形成的电场线分布如图 3-40 所示，金属球表面的电势处处相等。a、b 为电场中的两点，则下列说法错误的是（　　）。

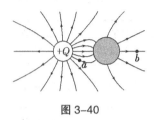

图 3-40

A. a 点的电场强度比 b 点的大　　　B. a 点的电势比 b 点的高

C. 检验电荷 –q 在 a 点的电势能比在 b 点的大

D. 将检验电荷 –q 从 a 点移到 b 点的过程中，电场力做负功

［解析］选 C　电场线的疏密程度表示场强的大小，A 正确；沿电场线方向电势降低，B 正确；负电荷在电势越高的位置电势能越小，C 错误；因负电荷从 a 点移到 b 点的过程中电势能增大，由功能关系知电场力必做负功，D 正确。

例 3 两个相同的负电荷和一个正电荷附近的电场线分布如图 3-41 所示。c 是两负电荷连线的中点，d 点在正电荷的正上方，c、d 到正电荷的距离相等，则（　　）。

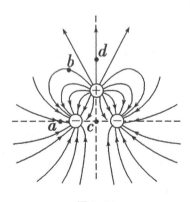

图 3-41

A. a 点的电场强度比 b 点的大　　　B. a 点的电势比 b 点的高

C. c 点的电场强度比 d 点的大　　　D. c 点的电势比 d 点的低

［解析］根据电场线的分布图，a、b 两点中，a 点的电场线较密，则 a 点的电场强度较大，选项 A 正确。沿电场线的方向电势降低，a 点的电势低于 b 点的

电势，选项 B 错误。由于 c、d 关于正电荷对称，正电荷在 c、d 两点产生的电场强度大小相等、方向相反；两负电荷在 c 点产生的电场强度为 0，在 d 点产生的电场强度方向向下，根据电场的叠加原理，c 点的电场强度比 d 点的大，选项 C 正确。c、d 两点中 c 点离负电荷的距离更小，c 点电势比 d 点低，选项 D 正确。

［答案］ACD

九、板书设计

（一）电场力做功与电势能变化的关系

（1）电场力做功的特点。

（2）电场力做功与电势能变化的关系：$W_{AB}=-\Delta E_P=E_{PA}-E_{PB}$。

（二）电势能

（1）定义：处于电场的电荷分布所具有的势能。

（2）系统性：电势能是相互作用的电荷所共有的，或者说是电荷及对它作用的电场所共有的。

（3）相对性：电势能是相对的，通常把电荷在离场源电荷无穷远处的电势能规定为零，或把电荷在地球表面上的电势能规定为零。

（4）标矢性：电势能是标量，但有正负之分。当电荷的电势能为正时，它就比电荷在零势能位置的电势能高；为负值时，它就比电荷在零势能位置的电势能低。

（三）电势

（1）定义式：$\varphi=E_P/q$

（2）物理意义：①由电场中某点位置决定，反映电场能的性质；②与检验电荷电量、电性无关；③表示将 1C 正电荷移到参考点电场力做的功。

（3）相对性：某点电势的大小是相对于零点电势而言的。零电势的选择是任意的，一般选地面和无穷远为零势能面。

（4）标矢性：电势是标量，只有大小，没有方向，但有正负。

（四）电势差

（1）表达式：$U_{AB} = \varphi_A - \varphi_B$

（2）标矢性：电势差是标量，无方向，但有正负，正负代表电场中两点电势的相对高低。

（3）与电场力做功的关系：$W_{AB} = E_{PA} - E_{PB} = q\varphi_A - q\varphi_B = qU_{AB}$。

十、教学反思

本节课难点在于三个比较抽象概念的建立，以与重力场进行类比为主线，以学生原有知识经验作为新知识的生长点，引导学生从原有知识中生长出新知识，新旧知识产生联系，让学生主动参与到学习过程中来。教学不是知识的传递，而是对知识的处理和转换，在这一方面，本节课无疑是成功的。这节课凸显了核心素养培养，特别是核心素养里面"科学思维"当中有关"类比推理"的思想方法的应用。本课例在多个中学实施，教师反馈和学生反馈均良好。

第四章　物理规律课教学研究

　　中学物理是由众多物理概念和物理规律为主干构成的学科体系，其中物理规律是物理学科体系中的核心。物理规律是物理状态或过程中相关要素之间的逻辑关系，通过物理规律的学习可以很好地培养学生的观察、实验、分析、探究、概括能力，提升学生物理学科核心素养。本章主要从物理规律及其特点、物理规律教学模式、物理规律教学案例进行阐述。

第一节　物理规律

一、认识物理规律

　　要科学地开展物理规律教学设计，首先必须搞清楚物理规律是何种类型的知识，物理规律的习得过程及其学习需要怎样的外部条件。

（一）陈述性知识和程序性知识

　　陈述性知识是指被人陈述和描述的知识，也叫"描述性知识"，是说明事物的性质、特征、关系的知识，陈述性知识主要解答"是什么""为什么""怎样"等问题。

　　程序性知识是关于人怎么做事的知识，也叫"操作性知识"，主要解决"如何做"的问题。陈述性知识的获得往往是程序性知识的基础，程序性知识的获得又为学习陈述性知识提供保证。

　　物理规律既有陈述性知识属性，又有程序性知识属性，主要是程序性知识。

　　程序性知识的习得基本过程：第一阶段为陈述性阶段，学生活动有关步骤或程序的陈述性知识；第二阶段为联合阶段，学生仍需思考各个步骤的规则，但是已经能够将各个步骤联合起来完成相关活动了；第三阶段为自动化阶段，学生可以无需意识控制就能自动完成有关的活动步骤。

（二）物理规律的特点

物理规律反映物质结构及物质运动中诸要素之间内在的必然联系，表现为某物理状态下或者物理过程中相关要素之间在一定条件下所遵从的关系，通常有定律、定理、原理、法则、方程等。物理规律是物理概念之间的一定关系的语言逻辑表达或者数学逻辑表达。

物理规律的特点是：①物理规律是客观存在的，是在一定条件下必然发生、发展的客观反映，具有近似性和局限性，只能被发现不能被创造；②物理规律反映相关物理概念之间的必然联系。

（三）物理规律基本类型

1. 实验规律

实验规律是指从大量观察和实验的基础上分析归纳总结得出的，又进一步通过实践检验而确定的，如欧姆定律、牛顿第二定律、法拉第电磁感应定律等。

2. 理论规律

理论规律是以已知的事实为依据，根据一些已知的定律或理论运用数学方法推导得出来的，如动能定理是运用牛顿定律和运动学公式推导得出，万有引力定律就是根据牛顿第二定律、开普勒周期定律、牛顿第三定律经过科学推理而发现的。理论规律的正确与否首先取决于所根据的定律或理论正确性和推导过程的严谨性，当然最终还得用实践来检验。

3. 理想规律

理想规律是指不能直接用实验或者逻辑推理的方式来证明的，如牛顿第一定律就是在实验事实的基础上，抓主要因素，合理外推到理想情况下而总结出来的。还有一些原理、方程或方程组的物理规律，大家公认其正确性，如功能原理、光路可逆原理等无法用其他规律来证明。还有光的直线传播、二力平衡条件、物体浮沉条件、安培定则、右手定则等，虽然不是基本物理规律，但是也可以看作物理规律。

二、物理规律认知方法

从物理规律的三种基本类型来看，物理规律的学习与其相互对应，有实验归纳法、推理法、理想实验法、假说法等。

（一）实验归纳法

实验归纳法是在实验事实的基础上，对实验数据加以分析，通过实验事实归纳出物理规律的方法。比如牛顿第二定律，探究加速度与合外力、质量的关系，运用实验归纳法，作出合外力–加速度（$F\text{-}a$）和加速度–质量（$a\text{-}m$）图像，再将 $a\text{-}m$ 图像转换为 $a\text{-}1/m$ 图像，通过描点、连线，分析数据和图像中隐含信息总结出物理规律。

实验归纳法要考虑实验结论的可重复性和准确性，因此实验次数应尽可能多，将同类事物尽量包括入内，以便运用完全归纳，使物理规律更具有普遍性。由于实验影响因素可能比较多，因此在实验的时候通常采用控制变量法。另外，实验数据处理往往又用到图像法处理数据和发现、总结规律。

（二）推理法

物理规律中如动能定理和动量定理，可以在原有定律的基础上，运用数学方法推证得出。在逻辑推理的基础上，又可以与实验结合，以验证理论的正确性，如动能定理可以用实验来验证。

（三）理想实验法

理想实验法是将形象思维和抽象思维结合起来的思维过程，理想实验法以真实的科学实验为基础，用思维来展开实验过程（合理外推）。理想实验法是一种重要的科学研究方法，是在实验基础上经过概括、抽象、推理得出规律的一种方法。比如，伽利略的斜面实验、理想气体状态方程等，都是采用这种理想实验法总结出的物理规律。

（四）假说法

对于未知问题进行研究和解释时，采用一种假设性的科学猜想方式开展研究叫假说法。假说法是探索未知世界过程中的一种预测、感觉、猜想，如原子结构中的卢瑟福核式结构模型，一般来说假说法的发展是"未知事实—假说—验证—新的假说"模式，假说一般都是需要实验进行验证的，不过也有部分假说无法用现有实验验证，需要用事实辨别并不断更新。

三、善用物理规律建立、发展过程的物理学史

（一）课程标准对物理学史的要求

普通高中物理课程标准指出：教材的内容要重视科学的发展过程，关注科学家在科学探索过程中所凝练、升华的科学思维方式和科学研究方法。由此可见，课程标准非常重视物理学史中蕴含的思想方法、科学态度和精神，并且亲历科学的发展过程也有利于学生知识的自然建构。

（二）物理学史

物理学史指的是物理学科在发生、发展过程的历史。物理学史一般分为两类，一类是物理学研究得到的知识体系；另一类指物理学的研究过程，具体是指某物理概念或规律建立过程中的代表人物、观点、贡献等。通常说的物理学史，主要是第二类，也就是物理学的研究过程历史。

（三）物理学史在物理规律教学中的价值

物理规律的得出往往不是一蹴而就的，很多物理规律都是物理学家经过无数次实验、总结、归纳推理等得出来的，有的物理规律是很多物理学家长时间研究的成果，因此物理学史中隐藏着丰富的育人资源。正所谓"学史明理、学史增信、学史崇德、学史力行"，物理学史在中学物理教学中有重要的价值：通过物理学史来讲清楚问题的来龙去脉可以强化学生的综合素质；通过物理学史可以调动学生的兴趣和热情，也可以认识到科学家的成功不是一蹴而就的，从而强化学生的科学态度和科学精神；通过物理学史的教学有利于学生形成科学的思维和方法。

比如，自由落体运动的研究结合物理学史可以这样设计：亚里士多德轻重物体下落快慢基于生活经验的认知，演示粉笔头与纸片的运动对比；再到伽利略的质疑与创新——反证法、创新实验，结合物理学史可以演示铁球在洗手液、水、空气中的对比运动，建立阻力对运动影响的观念；然后推向理想情况——牛顿管

中两物体的运动对比，建立自由落体运动模型。这样设计既让学生亲历物理学研究进程，也有创新，可以很好地培养学生观察、思辨、质疑创新的能力。

又如，在天体运动模块：可以借助 gif 动图或者视频，让学生亲历物理学史发展过程，如观看太阳东升西落视频，引导学生归纳出太阳围绕地球转的结论，再进一步提炼得出"地心说"；行星的逆行导致"本轮"和"均轮"的引入缺少简洁性，地球上不同时间观测行星其运动情况不同，跳出地球看天体运动，再进一步到"日心说"理论建立，这样设计符合学生的认知且能够给学生留下深刻印象，培养学生思辨、质疑创新精神。在"万有引力定律"一节中，教学设计可以由牛顿通过苹果落到地面引发思考，进而引申到月球围绕地球运动等，从而引出万有引力定律。物理学史的引入能够让学生揣摩科学家思维过程和延伸，进而加深对微元法、推理法、假设法、控制变量法、理想化方法等的理解，促进知识内化和能力的生长。

物理学史有利于培养学生的科学态度与责任。有些物理规律的建立可能是一个长期、曲折的过程，其中部分科学家走过的弯路、遇到的困难，都可以成为很好的教学资源。比如，牛顿第一定律的物理学史，亚里士多德的生活经验思辨提炼出结论，伽利略的质疑创新，将物理学史融入教学活动，让学生亲历物理规律建立过程，可以更好地培养学生学科核心素养。

第二节　物理规律教学模式

一、课程标准对物理规律的教学要求

《普通高中物理课程标准（2017 年版 2020 年修订）》提出了"坚持反映时代要求"，因此教学设计要融入先进的教育思想和理念，关注信息技术与教学的深度融合，为学生后续适应社会、高等教育、职业发展做准备，关注学生个性化和多样化的学习和发展需要，为学生终身发展奠定基础。

课程标准对于规律教学相关描述有：引导学生经历科学探究过程，体会科学研究方法，养成科学思维习惯，增强创新意识和实践能力。比如：对"自由落体运动"一节，课程标准描述为"通过实验，认识自由落体运动。结合物理学史的相关内容，认识物理实验与科学推理在物理学研究中的作用"。因此，在物理规律的教学设计时，可以创设有利于规律学习的相关情境，学生亲历规律发展和探究过程，培养和发展学生的自主学习能力；采用多样化的教学方式，利用好现代信息技术，引导学生观察、思辨、动手探究、归纳、合作交流，形成科学思维习惯，知识在观察、思考、探究中自然生成。

基于物理学科核心素养培养和新课标思想，建议物理规律教学的一般思路是：①明确物理规律的建立过程，掌握物理规律建立过程中采用的实验方法、思维方法、数学方法；②理解物理规律的文字表述和数学表述（公式、图像）所反映的各物理量的本质联系；③掌握物理规律的适用条件，能使用物理规律分析和解决实际问题；④通过物理规律学习，形成相关能力和实事求是的科学态度。

二、物理规律教学一般要求

（一）学生亲历物理规律发展过程，培养学生科学探究能力

物理规律多数是程序性知识，因此在教学时要创设学习情境，提出问题，分解为一个一个小问题，以任务驱动的方式，引导学生开展探究，促进知识的主动建构。

比如，在进行"楞次定律"的教学时，可以采用自制楞次定律演示仪导入新课（如图4-1所示），提出问题：LED发光说明什么？反向并联的LED灯交替发光说明什么？在条形磁铁插入线圈和拔出线圈过程中小车运动有什么规律？接下来学生合作交流，得出结论"敌进我退，敌逃我追""来拒去留""阻碍相对运动"等结论，再从根本上思考为什么小车会有这样的运动，力从何而来，从而得出感应电流磁场与原磁场相互作用的结论，为后续探究感应电流方向埋下伏笔。接下来，引导学生探究感应电流方向规律：磁铁运动方向——磁通量变化，磁极——磁场方向等一系列的猜想、验证、否决过程，再引导感应电流磁场，列表分析物理量变化及相互关系，从而归纳出磁通量角度"增反减同"结论。最后，分析"来拒去留""增反减同"两个现象规律本质都是阻碍磁通量变化的，得出楞次定律。这样的教学过程设计，学生全程参与知识建构过程，学生通过小组合作、科学探

究，分析、推理、归纳获得结论，主动获取并建构知识体系，有利于学生学科核心素养的形成和发展。

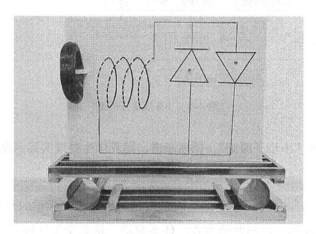

图 4-1 楞次定律演示仪

（二）重走物理学史研究过程，培养学生的科学态度和责任

教学中不仅要在意学生物理知识和能力的形成，还应该重视学生科学精神的培养。在物理规律教学中，适当引入物理学史，可以鼓励学生向科学家学习，培养学生相信科学、崇尚科学的态度和社会责任感。

比如，在开展"光的色散"教学时，结合牛顿分解太阳光过程历史，可以让学生感受实验过程中的探索和质疑精神等。在实验探究之前，教师以时间为轴介绍物理学家和哲学家对光的思考，引出牛顿分解太阳光的实验，吸引学生的学习兴趣，为接下来的教学内容做好铺垫。其中，柏拉图、亚里士多德、笛卡尔的观点，以及牛顿的质疑、创新及求真务实的精神都能够对学生的实验探究产生积极影响。

（三）利用思维导图，培养学生科学思维

物理规律的建立过程中，往往经历观察、思辨、实验探究、推理、归纳总结，其中的逻辑关系对学生的科学思维发展非常有利，教师可以在教学过程中把握脉络关系，构建思维及推理逻辑关系图，既可以帮助学生加深对规律形成过程的理解，又可以培养学生的科学思维能力。

以图 4-1 楞次定律演示仪实验分析小车运动为例，教师可以构建图 4-2 这样的一个思维导图，帮助学生理解。

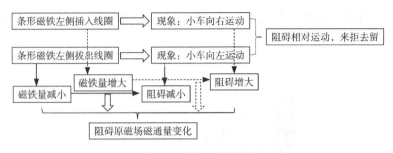

图 4-2 小车运动分析图

（四）利用"小步子原则"，循序渐进，培养学生处理实际问题能力，逐步形成物理观念

物理规律的探究过程往往涉及因素多，关系复杂，教学时可以将其分解为一个一个的小任务，以问题的方式，任务驱动，培养学生处理实际问题的能力。以"力的合成"为例，探究二力合成规律——平行四边形定则，可以将全过程分为以下五个阶段：①问题提出：实验演示一个弹簧秤测量重力和两个弹簧秤挂重物，那么求两个力的合力是否可以直接相加？②提供器材，引导学生设计实验方案：先提供教材对应实验器材，将实验方案设计转化为问题。"用一个力拉橡皮条和用两个力拉动橡皮条，怎样体现两次实验的等效性？""力是矢量，因此我们在实验过程中怎样去记录力？"③实验记录数据：弹簧测力计怎么使用和读数？实验操作要注意哪些细节？④数据处理：要表述力的大小和方向，做示意图还是图示？在坐标纸上面作图，怎样选择合适的标度？⑤结论与验证：观察、猜想合力和两个分力构成的图形，做平行四边形对比。采用 DIS 系统重复实验，精准验证结论。采用分步教学方式，将物理规律得出过程分解成一个个小步骤，学生完成小任务，逐步得出结论的教学方式，在物理规律较为复杂和学生基础相对薄弱的情况下使用效果更好。

三、物理规律教学一般模式

物理规律课教学过程是学生在教师创设的生活或生产情境中发现问题，引导学生提出猜想，根据猜想选择对应器材设计具体可行的实验方案进行科学探究，得出物理规律并确定物理规律的适用范围，最后学以致用将物理规律用于解决实际问题：习题求解和生活实例解释。物理规律教学一般包括以下四个有序的步骤：

创设情境，提出问题；探索规律，建构知识；讨论物理规律，理解物理意义；使用物理规律解决习题与部分实际问题。

（一）创设情境，提出问题

在物理规律教学中，首先要设计好便于学生发现和提炼问题的物理情境。好的物理情境可以吸引学生注意力，激发好奇心和求知欲，调动学生的思维和学习主动性，提升教学效果。

一般来说，创设情境的方式有：借助学生生活经验，通过图片或视频创设生活中的物理现象情境；借助演示实验创设情境；学生动手实验体验情境。实验是物理规律教学的重要组成部分，教师应恰当选择对学生具有一定新意的实验案例创设情境，激发学生的学习兴趣和动机。学生通过实验获得感性认识和经验，为学生发现问题和研究问题提供前提和基础，因此创设的情境要有利于引导学生探索物理规律，引导学生思维方向。

（二）探索规律，建构知识

在探索规律阶段，要基于创设的问题情境，对问题的可能答案作出假设，并根据情境运用已有知识设计相应的科学探究方案，实施科学探究，促进知识构建。按照"发现学习"教学模式："发现问题—猜想—验证猜想—总结提高"，这一阶段通常是物理规律教学的重点，也是学生学习的难点。按照科学探究思路，学生经历发现问题、猜想与假设、设计方案、实验、分析论证、得出结论、交流分享等一系列活动，其中学生能够获取到成功与喜悦、失败与痛苦体验，也能培养学生综合能力和合作精神。其中，教师的必要铺垫，适时点拨、启发、辅导，同学的交流讨论都非常重要。教师既要放手让学生去做，又要注意保护学生的积极性和上进心，掌握好分解任务、插话引导、形成性评价等基本技巧。

例如"自由落体运动"一节，教学时可以采用演示探究的方式展开教学。教师让学生根据生活经验猜想——纸片和铁片从同一高度、同一时间释放，谁先落地？提出问题："重的物体下落快，轻的物体下落慢么？"然后让学生设计实验方案验证猜想。在学生猜想的基础上，教师通过纸片与铁片，在牛顿管中分别释放开始运动，通过对比实验探究物体下落与其重力的关系。学生观察上述情境，并对其观察结果进行分析、解释。学生对比发现阻力对运动的影响，然后引导学生抽象事物的本质属性建立概念——只在重力作用下由静止开始的运动叫作自由落体运动。概念建立后，进一步让学生设计方案探索自由落体运动的规律，充分利用前面的纸带法、频闪照片法等方法研究运动规律，求解自由落体运动的加速度。

相对而言，高中物理具有很强的抽象性、概括性和逻辑性，会给学生的学习带来一定的困难。因此，物理规律教学还承担的任务就是培养学生抽象思维能力和科学探究能力，同时为了降低学习难度教师要尽量结合学生的生活实际或实验开展教学，激发和保护学生学习物理的兴趣。

（三）讨论物理规律，理解物理意义

在这一阶段的教学中，教师要设置好问题，引导学生字斟句酌对物理规律展开讨论，以加深对物理规律的理解。具体而言：

（1）物理规律的物理意义：解决了什么问题；

（2）明确物理规律的主题内容是什么，以及在这个主题中相关物理量之间的关系，公式中各物理量的单位、矢量或标量公式等；

（3）物理规律可以解决生活中哪些物理情境，适用条件是什么？

在物理规律教学中，教师可能还需要分析不同物理规律之间的关系，以便促进学生认识和理解物理知识之间的内在联系，使学生逐步掌握物理的基本知识结构。例如：闭合电路欧姆定律，其公式适当变换后就是能量守恒的表达式，因此体现出能量转化与守恒的思想；同样，楞次定律内容描述中的"阻碍"本质就是能量守恒定律。

（四）使用物理规律解决习题与部分实际问题

学生的学最终要应用到实践中，教师要促使学生将理性认识回归到实践中去，这也是学生掌握物理规律的根本。学生运用物理知识解决实际问题的能力大小，多数取决于学生将情境与知识相联系的水平。如果学生能够将问题进行情境转化，建立相应的物理模型，然后选择对应适用物理规律求解，则形成了运用知识解决实际问题的能力。在这一阶段，不仅要给出典型题型和模型，通过教师示范和学生讨论、针对训练等方式来促进内化，还要将学生所学结合实际生活中的问题进行建模、分析、讨论，进而"活"化对物理规律的理解。

另外，每个物理规律都有其适用条件和范围，在不同的条件下，选择的物理规律也可能不同，学生内化、理解不到位，解题时容易出现生搬硬套、乱用公式规律的情况。教师应使学生明确每个规律的适用条件和范围，并在具体运用的案例中对细节加以区分，促进学生理解，提升学生选择恰当物理规律解决不同情境下的物理问题能力。例如，动力学问题求解三大观点，力的观点（牛顿定律＋运动学公式）、能的观点（动能定理＋能量守恒）、动量观点（动量定理＋动量守恒）怎么恰当选用，教师要通过习题训练、体验来内化不同规律的细微差异。力的观点只能用于恒力作用下的运动，特征物理量是加速度 a，关注的是运动情境及其细节；能的观点既能用于恒力也能用于变力，更多关注的是力在空间上积累的结果——能量的转化，特征量是功和能；动量的观点同样是恒力和变力均可，关注的是力在时间上的积累——动量的变化，特征量是动量、冲量，更多的优势是用于处理短暂强相互作用下的运动情境。

四、物理规律教学分析及目标确定过程

物理基本规律是物理学的中心和骨架，特别是重点物理规律更是物理框架体系的核心部分。教学设计要考虑如何促进学生对物理规律的全面掌握和深刻理解，同时思考如何培养和发展学生的科学思维、科学探究和科学素养。同时，物理规律中蕴含的科学方法、科学思想、科学精神对学生终身发展有重要作用，在教学设计时也要充分考虑。

物理规律教学设计与物理概念教学设计基本思路一致，但是由于物理规律和物理概念的差异性，具体步骤中的侧重点也略有不同。除了常规的知识理解和内化环节设计，物理概念教学设计要重点考虑的是如何引导学生去抽象事物的物理本质属性，而物理规律教学设计要考虑的是如何根据物理现象、物理实验过程，分析、归纳、提炼出物理规律，规律的得出过程中除了科学思维还有科学探究的培养。

（一）教材分析

教材分析是教学设计的第一步，在具体操作时要尽量参考不同版本教科书，分析教材内容要求，体会教材编写意图。教材分析时，应该遵循整体与部分相统一的原则。首先分析教材的知识体系和逻辑结构，其次分析本节内容在知识体系中的作用。

对于物理规律而言，教材分析除了梳理其知识体系，还应该梳理出物理规律的建立背景、物理规律建立的事实依据、物理规律所对应的主题内容、物理规律建立过程中所用到的科学方法等，体会每一部分教学内容编写的目的，充分挖掘教材对培养学生物理核心素养的价值。

（二）课标分析

物理课程标准是制定物理规律教学目标的重要依据之一。对于教师而言，每一章或模块教学设计，都应该参考对应物理学科课程标准中的"内容要求"。随着时代的变化和社会需求的变化，课程标准也在进行不同程度的修改和完善，体现时代的特征和教育教学理念的变化。

在对物理课程标准进行分析时，应遵循理论与实践相结合、整体与部分相统一的原则，从教学理念和知识体系及具体要求等多个方面进行分析。首先是要分析和体会课程标准中的课程性质与基本理念，课程性质是教学的定位，教育教学理念是教学设计的指导纲领和思想；其次分析课程标准对物理规律教学内容的具体要求程度及物理规律得出过程的建议，这个是物理规律教学设计的具体操作依据；再次要分析课程标准中对学生物理核心素养的培养要求，这个是教学的阶段性最终目标；最后分析课程标准中对物理规律与物理学科、物理知识之间的内在逻辑关系。

以牛顿运动定律为例，物理课程标准描述为"通过实验，探究物体运动的加速度与物体受力、物体质量的关系。理解牛顿运动定律，能用牛顿运动定律解释生产生活中的有关现象、解决有关问题。通过实验，认识超重和失重现象"。其中，要求类关键词为"理解""能""认识"，过程类关键词为"实验""探究"。从课程标准描述来看，牛顿第二定律的得出要采用科学探究的方式培养学生科学探究能力和合作精神，对牛顿三大定律的要求是"理解"和"能用"，超重和失重知识点则是通过实验来"认识"。

（三）学情分析

学情分析首先是对学生进行知识基础、能力基础、认知特征等一般情况分析，其次要考虑的是具体授课班级学生普遍和个体特征。对授课班级学生进行学情分析时首先要考虑的是整体分析，即对年级班级学生特征进行分析。一个班级的学生在一起学习时间长了会形成相似的学习风格、思维习惯等"班级性格",有的班级课堂活跃、反应迅速但可能思维深度不够、准确度不够,有的班级课堂可能比较沉闷,但是可能思维有一定深度。班级特征是选择教学方法和媒体很重要的参考因素,如班级学生课堂沉闷不愿意回答问题,教学设计就要更多的考虑如何去鼓励和调动学生的积极性,初期也不宜采用互动特别多地启发式等教学方法。除了整体情况分析,还要考虑学生个体差异,充分考虑和照顾到不同层次的学生实际情况,设计对应的教学和指导策略。

1. 学生的兴趣和生活经验

学生对当前所学内容是否产生强烈动机将极大影响学习的效果。要激发学生的兴趣,就要关注学生的兴趣爱好及生活经验。物理规律教学设计在创设情境时要充分考虑学生生活经验和怎样调动学生兴趣爱好。

2. 学生已有的知识基础

物理规律教学设计的知识基础主要考虑两个方面:一是学生前期所学的物理知识和数学知识是否能够支撑物理规律的建立;另一方面是物理规律对应需要用到的科学研究方法、科学思想准备情况。

3. 学生的认知能力

因为物理规律对学生的抽象能力和科学思维能力有着较高的要求,所以在教学设计时应关注学生已有的认知发展水平,分析学生的科学思维、逻辑推理和科学抽象等能力,明确学生认知物理规律存在哪些困难和障碍。针对学生实际可能遇到的认知困难,在教学设计中有针对性地安排,如通过多媒体呈现丰富感性认识材料、构建知识逻辑框图等方式来解决抽象思维能力不足的问题。

(四)制定教学目标

制定教学目标一定是在充分分析教材、课程标准和学情的基础上进行的。制定物理规律的教学目标应遵从以下几点要求:

(1)体现课程标准理念,统筹考虑物理规律对学生物理观念、科学思维、科学探究和科学态度与责任四个方面的培养和发展,即通过本节物理规律的学习,学生的物理核心素养应该达到怎样的水平。

(2)教学目标应该体现出物理规律的特点。物理规律的特点一般包括:物理规律反映物质结构及物质运动中诸要素之间内在的必然联系；物理规律是观察与实验、思维与想象相结合的产物；物理规律具有近似性和局限性。

（3）物理规律的教学目标应该是具体而明确的，有可操作性，可评测。

接下来，根据以上分析确定教学重点和难点。教学重点一般是"理解""应用"等层次内容，也可以是对学生后续发展很重要的科学方法等，教学难点则着重考虑学生知识建构的难点和应用过程中易错易混淆的内容。

第三节　案例研究1牛顿第一定律

一、教学设计思路

（一）学情分析

学生在初中学习阶段，已经初步学习了牛顿第一定律、惯性概念、惯性现象及惯性的大小的相关知识，并且多数高中学生已具备初步的推理判断能力，但学生往往会从实际经验出发分析问题，容易对力和运动的关系造成错误的认识，所以学生在理解关于"力不是维持物体运动状态的原因，而是改变物体运动状态原因"知识点时可能会发生混淆。另外，学生对惯性缺乏深刻的思考和理解，许多学生就不能很好地区分物体具有保持直线运动状态或静止状态的性质与物体在该状态下具有的特点两个知识点。

（二）教材分析

"牛顿第一定律"是人教版《物理必修第一册》第四章"运动和力的关系"章节下的内容，是在力和运动的基础上，进一步揭示力与运动之间的关系，是牛顿运动定律的基石。教材的编写目的为促进学生的物理学科核心素养的养成和发展，满足学生终身发展的需要，让学生形成物质观念、运动和相互作用观念、能量观念，从物理学视角分析解释实验事实的本质，学习用科学探究的方法正确认识科学的本质，养成良好的科学态度与责任。

立足于教学的角度，教材对于本节内容的呈现与高中生物理认知过程紧扣，从创设学科问题情境入手，以"滑冰运动员如果不用力，他会慢慢停下来，是否与牛顿第一定律矛盾？"的问题导入，引领学生去感知事实的表象，通过一则"奇妙"的物理学史故事，梳理学科问题的特征，接着通过重现伽利略理想实验的过程，来揭示学科问题的属性和解决思路，再到牛顿第一定律的提出，完成学科问题的意义构建，最后是对牛顿第一定律中惯性和质量两个概念的思考与讨论，让学生形成有关物质的观念。

二、教学目标

（一）物理观念

（1）理解牛顿第一定律；

（2）能够运用牛顿第一定律解释相关现象；

（3）理解惯性，知道质量是度量物体惯性的物理量。

（二）科学思维

通过伽利略实验体会实验事实＋理论推理的科学方法。

（三）科学探究

重新经历牛顿第一定律探究与发现过程，体验科学探究：提出问题—设计方案—实验探究—合理外推—讨论交流—成果。

（四）科学态度与责任

（1）正确评价亚里士多德的贡献，尊重事实的科学态度；

（2）体会伽利略、笛卡尔、牛顿敢于质疑权威，坚持真理、实事求是的科学态度；

（3）物理来源于生活，又服务于生活，形成科学态度与社会责任。

三、教学重难点

（1）教学重点：力与运动关系的探究过程；牛顿第一定律及其理解。

（2）教学难点：理解惯性。

四、教学方法

教法：启发引导法，直观演示法，讲授法，讨论法。

学法：小组讨论法，合作探究法，自主学习法。

五、教学准备

教学器材：PPT、小车、自制伽利略斜面实验仪、气球、多媒体。

教学课时：1课时。

六、教学流程图

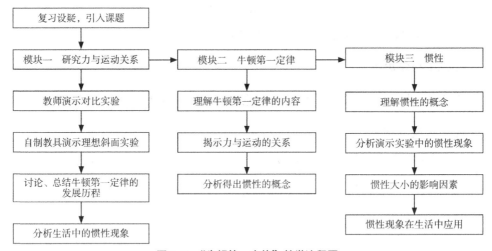

图 4-3 "牛顿第一定律"教学流程图

七、教学过程

（一）导入

前面我们学习了运动学知识，已经能从运动的角度去分析实际物体的运动，还学习了力的相关知识，知道力作用在物体上可以使物体发生形变和改变物体运动状态。那么，力和物体的运动有什么关系呢？

设计意图：融入了物理观念的思想——用相互作用与运动的观念看世界，设疑，激发好奇心、求知欲。

（二）新课教学

1.研究力与运动关系

（1）教师演示对比实验，学生观察思考。

【实验1】用力推粉笔盒前进，并中途去掉推力。

由实验1引导，用力推粉笔盒就前进，去掉推力粉笔盒就停止运动，由此概括出力与运动的关系是：力是维持运动的原因。

师：物理，即见物说理。刚才我们的分析过程难不难？留心观察生活中的物理现象，然后认真思考，总结、提炼，也许你就是下一个伟人。刚才我们得到的结论就是伟大的古希腊哲学家亚里士多德关于力与运动之间关系的观点，这个观点还是比较符合人们的生活经验的，加上亚里士多德在其他许多领域的卓越成就而享有的崇高威望，客观上当时的科技落后，因此这个观点延续了2 000年。

设计意图：观察—思考—抽象概括，这就是科学思维的培养过程。

【实验2】用力推小车，小车前进；去掉推力，小车还继续前进一段。

由实验2引导，用力推小车就前进，但是去掉推力小车并没有立即停止运动，这一阶段推力没有了小车依然前进，由此展开小车停下来原因的讨论，鼓励、引导学生大胆猜想小车停下来的可能原因——桌面摩擦力。

（2）探究力与运动之间的关系。

依据猜想"摩擦力让小车停下来"，引导学生分组设计实验方案对比不同摩擦力下物体前进位移不同来证明猜想，如果摩擦力越小物体位移越大则猜想成立，并分享实验方案。教师引导大家分析实验的可行性和可操作性，激励性评价。

教师展示自制实验教具：可调角度斜面轨道小球模型（用PVC管剖开制作，用实木制作一个水平底座，竖直的背景板，右侧可以开口调节右边管道倾斜角，采用快拆方式），说明实验器材。

【实验3】理想斜面实验（如图4-4所示）。

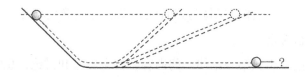

图4-4 理想实验模型图

演示实验：不同材料（棉布、丝巾）垫的轨道小钢球达到另一侧的高度是不同的。在没有垫材料的时候，改变右侧轨道倾角，小球都基本能够接近轨道另一侧的等高处。

结论：减小摩擦，物体近乎回到原来的高度，与右侧斜面倾角无关。

引导学生合理外推：如果没有摩擦力，将轨道置于水平，那么小球将怎么运动？

教师点评：这个实验是伟大的伽利略当年设计的，他将实验合理外推到理想情况的方法叫"理想实验"。他的伟大不仅仅是突破了前人的结论，更重要的是他敢于质疑权威的精神值得我们敬佩和学习。

设计意图：科学探究和科学推理：问题—实验—结论—矛盾—假设—再实验—结论。课程思政、科学态度：质疑精神，创新发展。

（3）归纳总结，形成体系。

教师提出问题——以上几位科学家把人们认识"力与运动"的关系都推进了一步，试分析总结每一位科学家推进的一步具体在哪里？师生互动，解决问题。

亚里士多德——直觉＋思辨：观察提出问题，思考得出结论。

伽利略——实验＋科学推理：提出不易观察到的摩擦力，并应用"理想斜面"的科学方法，合理外推。

笛卡尔——补充完善伽利略的观点，提出该观点应该作为一个原理加以确立。

牛顿——总结前人结论，提炼形成体系。

教师点评：科学研究永无止境，只要你在原有基础上再向前走一步，可能就使人类前进一大步。所以，大家不用担心前面的科学家把所有的内容都研究了，我们有很多机会的。正是有这样的思想，有位伟大的"年轻人"成了"踩在巨人肩膀上"的伟人！这个人大家相当熟悉了，是谁？研究的内容是什么？

设计意图：激励，科学态度和责任。

2. 牛顿第一定律

（1）内容：一切物体总保持匀速直线运动状态或静止状态，直到有外力迫使它改变这种状态为止。

学生认真研读"牛顿第一定律"的内容，自主思考和讨论，总结并交流对定律内容的理解。

（2）理解。①牛顿第一定律揭示了力与运动的关系：力是改变运动状态的原因。通过设计问题串，教师引导，学生讨论总结得出结论。问题串：通过刚才的实验研究，物体运动状态改变是什么物理量变化？速度是矢量，那么运动状态改变包括哪些情况？从运动学的角度来看，物体在一段时间内速度发生改变是因为有什么物理量？因此，教师引导学生得出结论：力是产生加速度的原因。②任何物体都具有保持匀速直线运动状态或静止状态的性质——惯性。③牛顿第一定律是在实验的基础上合理外推概括出来的。

3. 惯性

（1）探究惯性大小的影响因素。

①定义：物体具有的保持原来的匀速直线运动状态或静止状态的性质。分析牛顿第一定律，引导得出：我们在科学正确的实验基础上，进行合理的推理，最终得出可信的结论，即一切物体在没有受到力的作用时，总得保持静止状态或匀速直线运动状态，这就是牛顿第一定律。

②理解：惯性是物体的固有属性，惯性不是一种力；任何物体在任何情况下（不管是否受力不管是否运动和怎样运动）都具有惯性。

【实验4】吹"气球"实验。

学生参与体验，用力吹用绳竖直悬挂的外观、大小相同两个"气球"，其中一个"气球"内部灌入水。

实验现象：一个小球摆起幅度更大，另一个小球幅度很小。

提问：气球在我们吹的时候发生摆动——运动状态发生改变，但是为什么两个看起来完全相同的小球我们都用全力去吹，但是摆起的角度不同呢？

让学生去提一下两个"气球"，发现内在玄机——摆起幅度很小的是内部装水质量较大的"水球"。引导学生根据实验现象归纳惯性跟什么因素有关——质量。

结论：质量是物体惯性大小的量度。

③惯性现象在生活中的应用。互动游戏体验：请后排的学生将一张纸片扔给老师。自然状态、折叠或揉成团、包一块小重物。

请学生解释原理，教师引导，激励性点评。

学以致用，根据时事提问：大雨导致洪灾，一名游客困在一辆小车顶部，在没有救生艇的情况下，救援人员想将救生绳和救生圈抛给游客，怎么操作？

设计意图：科学思维，创新精神的培养。

（2）自主完善，系统构建。

师：F、a、m三者之间究竟有何关系？

学生讨论交流，教师引导，总结形成体系。

F迫使物体运动状态变化（原因），a描述物体运动状态变化的快慢，m抵抗物体运动状态变化的本领。

八、板书设计

板书设计如图4-5所示。

第1节　牛顿第一定律

一、研究力与运动关系
　1. 亚里士多德观点　　2. 伽利略斜面理想实验
二、牛顿第一定律
　1. 内容：一切物体总保持匀速直线运动状态或静止状态，直到有外力迫使它改变这种状态为止。
　2. 理解
三、惯性
　1. 概念：物体具有的保持原来的匀速直线运动状态或静止状态的性质
　2. 理解
　3. 决定因素：质量
　4. 应用

图4-5 "牛顿第一定律"板书设计

九、作业布置

（1）如图4-6所示，小球从左侧斜面上的 O 点由静止释放后沿斜面向下运动，并沿右侧斜面上升。斜面上先后铺垫三种粗糙程度逐渐降低的材料，小球沿右侧斜面上升到的最高位置依次为1、2、3。对三次实验结果进行对比，可以得到的最直接的结论是（　　）。

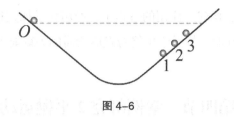

图 4-6

A．如果斜面光滑，小球将上升到与 O 点等高的位置

B．如果小球不受力，它将一直保持匀速直线运动状态或静止状态

C．如果小球受到力的作用，它的运动状态将发生改变

D．小球受到的力一定时，质量越大，它的加速度越小

（2）对一些生活中的现象，某同学试图从惯性角度加以分析，其中正确的是（　　）。

A．"强弩之末，力不能入鲁缟"，是因为强弩的惯性减小了

B．汽车超速行驶易引发交通事故，是因为速度大的汽车惯性大

C．车辆转弯时适当减速，是为了减小车辆的惯性，使行驶更安全

D．货运列车在有些车站加挂车厢，这会增大它的惯性

（3）关于牛顿第一定律，下面说法正确的是（　　）。

A．牛顿第一定律反映了物体不受外力作用时物体的运动规律

B．不受外力作用时，物体才具有惯性

C．不受外力作用时，物体运动状态保持不变是由于物体具有惯性

D．物体的运动状态发生变化时，物体必定受到外力的作用

十、教学反思

一堂优质的物理课应立足于物理核心素养的培养，且必须内化于课堂教学之中。接地气的教学设计应该"从中学教师中来，到中学教师中去"，立足中学实际，便于中学一线教师操作，并不一定需要很多高端的实验器材，应该于平实中体现教育思想。根据建构主义思想，教学不是传递现成的知识，而是激发学生原有的认知经验，促进知识和经验的"生长"，从而重组和转化学生的知识和经验。教学中最重要的是提出问题并创设出一个"真实"的学习情境，让他们发展自己的经验，解决问题。本节教学设计教师启发引导，学生观察、思考、讨论交流、科学探究，

在感知、分析、思考、构建、应用的过程中，经历科学探究过程、感悟物理思想，在获取知识和方法的同时，提升学生终身发展所需的关键能力和必备品格。

第四节　案例研究 2 平抛运动

一、教学设计思路

（一）学情分析

对学生来说，第一要深入理解平抛运动的性质，采用类比架桥的策略开展教学，培养科学思维。第二要理解平抛运动为什么要这样分解，采用定性实验猜想—理论推证—自制教具演示—总结归纳的教学设计，培养学生的科学探究和科学思维。第三要理解分解规律和能应用计算，采用小组合作和启发引导的教学模式。

（二）教材分析

"平抛运动"内容选自教科版高中《物理必修 2 》第一章第三节，在此之前学生已经学过"运动的合成与分解"，为平抛运动的分解打下了基础。另外，本节也为高二学习电场中的类平抛运动奠定了基础，起到承前启后的作用。

（三）教学设计思路

教学设计中，导入部分，采用创设情境，模拟飞机投弹激起学生兴趣，培养物理观念。再通过复习自由落体，类比定义平抛运动。之后，以渐进提示的方式引导学生提出猜想，再通过互动实验和自制的平抛运动分解实验演示仪逐步验证。最后，回归问题，引导学生运用运动合成的思想，归纳总结，得出平抛运动的规律，并实际运用。

二、教学目标

（一）物理观念

（1）从力的观点认识平抛运动，理解其性质；

（2）运用运动的合成与分解得出平抛运动的特点；

（3）理解合运动与分运动的等时性、等效性和独立性；

（4）掌握平抛运动的运动规律，并解决实际问题。

（二）科学思维

（1）通过自由落体运动定义类比得出平抛运动定义及初始条件，体验类比架桥思维；

（2）通过递进实验—科学探究—分析现象—得出结论—知识迁移—得出规律—实际运用，体验科学研究一般方法和思路。

（三）科学探究

通过猜想—理论推证—实验验证体会科学探究的乐趣。

（四）科学态度与责任

（1）用物理观念来看生活中的物理问题，爱生活爱物理；

（2）敢于质疑，培养严谨的科学态度和科学精神。

三、教学重难点

（一）教学重点

（1）运用运动的合成与分解对平抛运动进行分析，掌握其运动特点；

（2）知道平抛运动分运动与合运动之间具有等时性、等效性和独立性。

（二）教学难点

（1）对平抛运动特点的实验探究；

（2）掌握平抛运动的规律，并能用于解决生活中的实际问题。

四、教学方法

演示法、实验法、讲授法、启发引导法、知识迁移法、归纳总结法。

五、教学准备

（1）教学器材：自制简易平抛竖落仪、平抛运动分解实验演示仪、多媒体、PPT。

（2）教学课时：1课时。

六、教学流程图

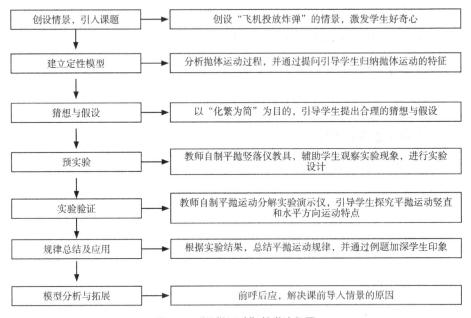

图4-7 "平抛运动"教学流程图

七、教学过程

师：上课！

生：起立！老师好！

师：同学们好！请坐下！

设计意图：集中学生注意力，起到"收心"的效果。

（一）导入

1.情境构建

师：飞行员是在目的地的正上方释放炸弹的吗？

学生活动：学生结合生活经验思考炸弹在空中运动的情境，并回答问题。

设计意图：创设情境，建立模型，激发学生对问题的兴趣。

2. 展示飞机投放炸弹的模拟动画

师：炸弹离开飞机后还会继续向前运动，所以要想击中目标，就要在到达目的地上方之前释放炸弹。

设计意图：根据动画演示，尝试寻找平抛运动的力学特点，从力的角度认识平抛运动，也为理解平抛运动的规律做铺垫。

3. 平抛运动

师：刚才我们所模拟的这种运动，其实可以近似认为是平抛运动。那么根据刚才的动画，你认为物体做平抛运动要满足哪些条件呢，或者说受哪些力的作用呢？

生：物体在水平方向有初速度，受到重力、空气阻力的作用。

4. 受力分析

师：好，其实物体在空气中运动都会受到空气阻力作用，但是空气阻力相对重力来说很小，可以忽略，所以对于平抛运动的研究，我们认为物体只受重力的作用。

5. 自由落体运动

师：那么平抛运动应该如何去定义呢？我们曾经也学习过另一种只受重力的运动，大家还记得是什么运动吗？

生：自由落体运动。

6. 平抛运动定义

师：类比得出平抛运动定义——我们把这种物体在只受重力作用下以一定水平初速度抛出的运动叫作平抛运动。

设计意图：渗透物理观念，学会类比思考问题。

（二）新课教学

1. 认识平抛运动

（1）定义 $\begin{cases} \text{初速度：} v_0 \neq 0 \\ \text{合外力：} F_合 = mg \end{cases}$

师：我们说自由落体运动是一个初速度为零，加速度为 g 的匀变速直线运动，那么平抛运动的运动性质是什么？

学生活动：结合受力分析，思考并得出结论。

设计意图：掌握从力的角度分析问题的基本要点——受力分析。

（2）性质：$\begin{cases} a = g \\ v_0 \perp a \end{cases} \Rightarrow$ 匀变速曲线运动

教师活动：师生互动，列举生活中常见的平抛运动例子，加深印象。

学生活动：积极思考，回想生活中的各种平抛运动现象。

设计意图：联系生活，学会从生活现象看物理问题。

师：实际上平抛运动在我们的生活中非常常见，如体育运动中的水平飞出的排球就可以近似认为是平抛运动。

（通过提问过渡，转向对平抛运动特点的分析。）

师：类似于飞机投放炸弹，假如老师告诉你平抛物体的初位置和初速度，你能运用我们所学知识求解出经过时间 t 后，物体的位移和速度吗？

学生活动：学生陷入思考。

（学生无法直接求解，教师采用渐进提示的方式加以引导。）

设计意图：巧妙设置问题，调动学生积极思考。

师：①首先找到无法求解的原因——曲线运动，速度方向在变化；②解决复杂问题，化繁为简。

师：如何将曲线运动进行简化呢，可以运用之前学习的哪些知识？

学生活动：回忆与曲线运动相关的知识，寻求化繁为简的突破口。

生：运动的合成与分解。

2. 探究平抛运动的特点

师：那么我们如何对平抛运动进行分解呢？我们可以沿哪些方向进行分解呢？同学们不妨大胆猜测一下。

生：水平方向和竖直方向。

师：为什么这样分解？你的依据是什么呢？

生：根据平抛运动定义可知，物体在水平方向不受力，在竖直方向只受到重力作用。

（从理论角度分析、猜想，并对学生的猜想予以表扬。）

师：经过了理论上的验证，我们还必须要用实验来证明同学们的猜想，请同学们参考教材第9页，你们能想出什么办法来证明呢？

学生活动：学生思考，参考教材第9页"实验探究"。

设计意图：通过连续递进有深度的问题，引导学生化抽象为具体，掌握运动的分解在"力""运动"等抽象问题中的具体运用，帮助学生在渐进提示下跨越思维和能力上的种种难关。

教师活动：

①交流学生对实验的初步设计，介绍自制的简易平抛竖落仪（如图4-8所示），请一个同学合作完成实验。

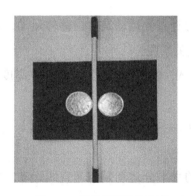

图4-8 简易平抛竖落仪

②分析实验现象，对照学生的实验设想，总结实验结论。

学生活动：观察试验现象，与自己所想的实验设计做比较。

师：通过同时落地，能否说明平抛运动在竖直方向一定是自由落体运动呢？

学生活动：从运动学的角度思考实验的缺陷。

设计意图：让学生能够依据猜想并结合教材内容，初步设计实验。

教师活动：

①分析该实验的缺陷（严格意义上讲，只能说明两枚硬币在竖直方向上的平均速度相等，而运动的中间过程无法体现）；

②介绍自制教具——平抛运动分解实验演示仪（如图4-9所示）。

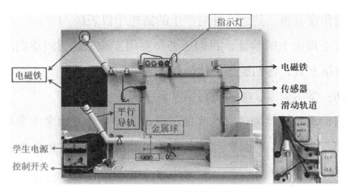

图 4-9　平抛运动分解实验仪

验证竖直分运动特点：

①介绍实验原理。

师：如果平抛运动的竖直分运动是自由落体运动，那 A、B 小球在运动过程中应该满足什么样的位置关系呢？

生：中间任意时刻，A、B 两小球始终处在同一高度。

②教师演示实验。

验证水平分运动特点。

①介绍实验原理。

师：如果平抛运动的水平分运动是匀速直线运动，那 A、C 小球在运动过程中应该满足什么样的位置关系呢？

生：中间任意时刻，A、C 两小球始终处在同一竖直线上。

②教师演示或学生自主实验。

（说明：改变传感器的位置，重复试验，总能得到相同的实验现象。）

交流总结：

生：平抛运动可以分解为水平方向的匀速直线运动和竖直方向的自由落体运动。

设计意图：以递进式的实验教学打破传统实验中逻辑建立、逻辑分析过程的缺失，让学生敢于质疑，突破同时落地即证明自由落体的惯性认识，从而达到培养学生物理学科核心素养的目的。

3. 平抛运动的规律及其应用

师：通过前面的实验，我们已经对平抛运动有了比较深入的了解，那么现在我们能求出平抛物体在任意时刻的速度和位移了吗？

学生活动：积极思考，并发现还缺少相关的计算公式。

设计意图：通过问题，激发学生继续探究的兴趣。

教师活动：

（1）画出平抛运动的轨迹，沿水平和竖直方向分解。

（2）明确思路，求解曲线运动中的矢量，需要通过运动的合成。

（3）分别写出水平、竖直方向的速度、加速度位移等公式，师生合作，知识迁移，首先求出轨迹公式，再运用运动的合成，得出表达式。

（4）计算平抛运动的速度和位移。

（5）分析速度、位移之间方向关系（如图 4-10 所示）。

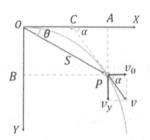

图 4-10　平抛运动规律图

师：同学们，来试着完成下面这道例题。

例题：在一次"飞车"表演中，汽车以 20 m/s 的速度从岸边的高台飞出后恰好在河对岸的岸边安全着陆（近似看做平抛运动），总共用时 0.8 s。

①求出汽车经历 0.4 s 时的速度及距飞出点的距离；

②求河的宽度。

学生活动：即学即用，加深印象。

（6）解释伽利略对平抛运动的研究。

教师活动：以课本第 9 页，伽利略对平抛炮弹的研究为例，讨论平抛运动的射程和飞行时间等问题，简要说明要准确抛投物体需要哪些条件，从而解决导入时提出的投弹问题，并融入爱国主义教育。

学生活动：运用平抛运动的规律，合理选择公式，掌握影响射程和飞行时间的因素。

设计意图：前后呼应，达成本节教学的能力目标，让学生能够学以致用。

（三）知识总结

师：同学们，通过本节课的学习，大家有什么收获？

生：

（1）物体做平抛运动的条件；

（2）平抛运动性质；

（3）平抛运动特点；

（4）平抛运动规律的相关公式及特点；

（5）飞行时间和射程。

设计意图：及时总结、达到自我反馈的目的。

八、作业布置

（1）复习巩固本节课所学知识，课后再对平抛运动的规律进行推导，完成教材 12 页练习与评价 1、2 题。

（2）课后思考：教材 12 页，"发展空间"平抛运动的临界问题。

设计意图：及时运用所学知识，加深理解。为下节课学习埋下伏笔。

九、板书设计

§1.3 平抛运动

一、认识平抛运动

1. 定义 $\begin{cases} \text{初速度：} v_0 \neq 0 \\ \text{合外力：} F_{\text{合}} = mg \end{cases}$

2. 性质 $\begin{cases} a = g \\ v_0 \perp a \end{cases} \Rightarrow$ 匀变速曲线运动

二、探究平抛运动的特点

1. 猜想 $\begin{cases} \text{水平：匀速直线运动} \\ \text{竖直：自由落体运动} \end{cases}$

2. 理论推证

3. 实验验证

三、平抛运动的规律

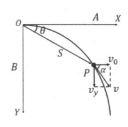

图 4-11 "平抛运动"板书设计

十、教学反思

本案例教学设计在不同学校教学实践，均效果良好，特别是自制创新教具，现场演示加视频慢放，学生印象深刻，并且极大地激发了学生的积极性和创新精神。

第五节　案例研究 3 磁场对运动电荷的作用——洛伦兹力

一、教学设计思路

（一）学情分析

在学习洛伦兹力内容之前，学生已经学过安培力大小和左手定则的知识，为学生学习本节内容打下良好的知识基础。从思维能力上来看，这一节要求学生在实验的基础上，抽象出洛伦兹力的大小和判断洛伦兹力方向的左手定则的知识，跨度大，对学生抽象思维能力有较高要求，而高中学生的抽象思维能力水平不高，容易形成学习障碍，因此本节教学采用科学探究的方法，帮助学生自然地建立洛伦兹力的概念。

（二）教材分析

本节内容选自高中物理教科版选修 3-1 第三章第 4 节磁场对运动电荷的作用——洛伦兹力。洛伦兹力承接前面安培力的知识，并开启运动电荷在磁场中运动知识的学习，起到承上启下的作用。学习本节内容可以为学生解决复杂的"带电粒子在复合场中的运动"的问题奠定良好的基础。《普通高中物理课程标准（2017 年版 2020 年修订）》对洛伦兹力内容学习提出培养学生学习能力上的要求，重视学生通过观察实验现象得出物理概念和物理规律，并且高中物理考试大纲对此提出两类要求。因此，本节内容在本章中占有极其重要的地位，且有着培养学生物理学科核心素养的作用。

二、教学目标

（一）物理观念

（1）了解洛伦兹力的概念，理解洛伦兹力表达式的推导过程；

（2）了解极光现象的原理及初步了解阴极射线管原理；

（3）能判断洛伦兹力的方向，会计算洛伦兹力的大小；

（4）建立力的观念。

（二）科学思维

（1）在宏观的安培力到微观的洛伦兹力公式的推导过程中，学习分析推理方法，体验物理思维建立的过程；

（2）在洛伦兹力方向的探究实验中，学习抽象和概括的思维方法。

（三）科学探究

（1）通过科学实验验证洛伦兹力存在过程，提高观察思考、分析总结的能力；

（2）经历物理规律的探究过程（洛伦兹力方向），认识探究的意义，养成科学探究的行为习惯。

（四）科学态度与责任

（1）通过对洛伦兹力探究实验的过程，培养科学探索自然规律的科学态度和科学精神；

（2）通过对极光现象原理的分析，领略自然界的奇妙与和谐。

三、教学重难点

（1）教学重点：理解洛伦兹力表达式的推导过程，洛伦兹力方向的探究实验。

（2）教学难点：洛伦兹力地大小和方向。

四、教学方法

（1）教法：启发引导法、讲授法、科学探究法、分析归纳法。

（2）学法：小组讨论法、自主学习法、合作探究法。

五、教学准备

（1）教学器材：多媒体、自制洛伦兹力下"旋转液体"的演示仪、激光笔、粉笔、黑板擦、投屏器。

（2）教学课时：1课时。

六、教学流程图

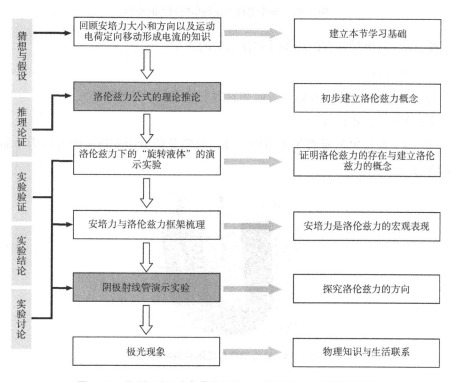

图 4-12 "磁场对运动电荷的作用——洛伦兹力"教学流程图

七、教学过程

（一）导入

师：同学们！我们先来回顾前面我们所学过的关于通电导线在磁场中受到力的作用的探究实验（如图 4-13 所示）。

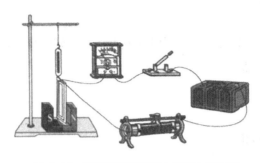

图 4-13 通电导线在磁场中受到力的作用

师：（1）通电导线在磁场中受到什么力的作用？

生：安培力。

师：（2）当电流方向和磁场方向垂直时安培力大小的计算公式为？

生：$F = BIL(B \perp L)$。

师：（3）假设电流垂直于黑板面向外，判断此情境中安培力的方向为（如图 4-14 所示）？

图 4-14 U 形磁铁与线圈的情境创设图

生：竖直向下。

师：（4）导线中的电流是怎么形成的？

生：在导线中大量电子定向移动形成电流。

设计意图：回顾安培力的知识点来导入课堂，为学生学习本节内容打下良好的基础。

师：好，现在老师将通电导线内部电荷的运动抽象出来，如图 4-15 所示，大量电子定向移动形成电流。同学们思考：我们的导线在磁场中因其中有电流流过而受到安培力的作用，而导线的电流又是由运动电荷电子定向移动形成，是否我们的运动电荷电子在磁场也会受到力的作用，运动电荷受到的力与导线受到的安培力又有什么关系？

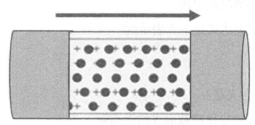

图 4-15 导线中的电子运动

学生活动：学生存疑。

（二）新课教学

1.洛伦兹力大小理论推导

（1）探究洛伦兹力。

①猜想与假设。

师：现在我们假设在导线中的每个运动电荷都会受到力的作用，且所有电荷受到力的矢量和的作用效果为导线受到的安培力，并且导体中的总电子数为 N，则可得到表达式：$NF' = F_{安}$。

②理论推证。

师：现在我们取出一段静止的导线，导线长为 L，横截面积为 S，单位体积内含有的自由电子数为 n，每个电子的电荷量是 e，设在时间 Δt 内，自由电子沿导线移动距离为 Δx。

师：我们假设条件的等式中左边的总电子数、运动电荷所受到的力都是微观的物理量，因此我们需要去寻找安培力的微观表达式。请同学们以小组的形式对以下的问题开展讨论（如图 4-16 所示）。

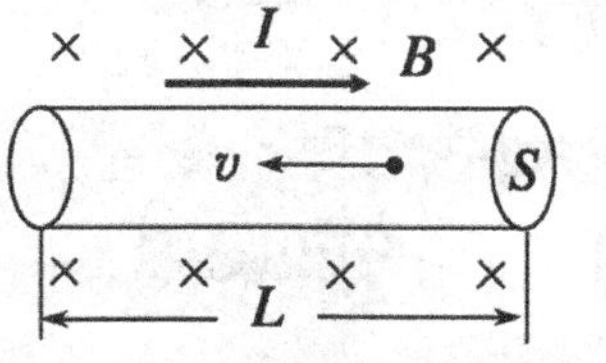

$$\times \quad \times \stackrel{I}{\longrightarrow} \times \; B \; \times$$

$$v \longleftarrow \bullet \qquad S$$

$$\times \quad \times \quad \times \quad \times$$

$$\longleftarrow L \longrightarrow$$

图 4-16 静止的通电导线

学生活动：小组讨论。

师：安培力表达式中，什么物理量有其微观表达式？

生：电流具有其微观表达式。

师：电流的微观表达式是怎么表示的？

生：$I = \dfrac{\Delta Q}{\Delta t}$。

师：ΔQ 表示的含义是？

生：Δt 时间内流过导体横截面 S 的电荷量。

师：根据已知参数，求出电流的微观表达式为？

生：$I = nesv$。

师：那么安培力的微观表达式为？

生：$F_{安} = nesvBL$。

师：总电子数 N 的表达式为？

生：$N = nSL$。

师：好，根据同学们的推证，我们得到安培力的微观表达式，其中 nsL 为导线中总电子数的大小，将此与我们的假设 $NF' = F_{安}$ 相比较，可以得到：$F' = evB$，我们计算推证得到运动电荷应该受到力 F' 的作用，那这个力是否真的存在呢？我们通过一个实验来探究是否有此力。

设计意图：学生小组讨论，教师启发诱导学生，采用"小步子"原则推证洛伦兹力公式，再进行实验验证，培养学生科学严谨的态度及科学探究的精神。

（2）验证洛伦兹力存在的演示实验（如图 4–17 所示）。

①实验验证：

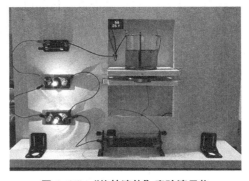

图 4–17　"旋转液体"实验演示仪

师：今天老师带来了一个在磁场作用下的"旋转液体"演示仪，仪器的核心位置为中间这一块。杯中装有蓝色的硫酸铜溶液，因此溶液中含有大量的 cu^{2+} 和 so_4^{2-} 离子，相当于我们的运动电荷，然后在杯下放有一块强磁，用于为系统提供磁场环境。导线分别连接在碳棒和铝线上，现在我闭合开关，同学们仔细观察溶液会发生什么变动？

生：溶液发生旋转。

师：未借助外力搅动硫酸铜溶液，而硫酸铜溶液却开始旋转说明什么？

生：带电粒子在磁场中受到力的作用。

设计意图：采用"旋转液体"演示实验，不仅实验效果明显且更加吸引学生注意，使学生更好地参与到教学中。

②实验结论：

师：好的，这就验证了我们刚才推导出来的力是存在的，并且大小等于 qvb。

师：此力就是本节学习内容洛伦兹力，概念为：运动的电荷在磁场中受到的磁场力，称为洛伦兹力。

③实验讨论：

师：同学们，我们回到刚才的通电导线的物理情境中，既然通电导线在磁场中受到安培力的作用，其中的电流是可测的，是宏观的，而运动电荷在磁场中受到洛伦兹力的作用，运动电荷是微观的，不可直接观察，运动电荷定向移动形成电流，安培力与洛伦兹力之间是否存在什么关系？

生：安培力是洛伦兹力的宏观表现。

师：不错，换句话说也就是，静止的通电导线在磁场中受到的安培力，在数值上等于大量定向运动电荷受到的洛伦兹力的总和。

师：既然安培力是洛伦兹力的宏观表现，安培力的方向用左手定则来判断，是否洛伦兹力的方向也用左手定则来判断？

学生活动：学生存疑。

2. 洛伦兹力方向

师：同学们，这里有一个阴极射线管，其原理是：阴极射线管的玻璃管内已经抽成真空，当左右两个电极按标签上的极性接上高压电源时，阴极会发射电子。在电场的加速下飞向阳极，电子束掠射到荧光板上，显示出电子束的轨迹。现在我将一块条形磁铁靠近电子束，使得电子束位于磁场中，同学们仔细观察，电子束会发生什么变化（如图 4-18 所示）？

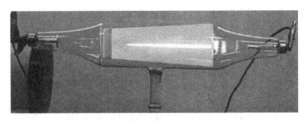

图 4-18　阴极射线管

生：电子束发生偏转。

师：好，磁场方向、电流方向、电子束受洛伦兹力方向各自是怎样的呢？

生：垂直黑板面向里，电流方向为水平向左，电子束向下偏转。

师：不错，现在让磁场垂直穿过我的手心，让我的四指指向电流方向，发现我的拇指所指的方向为电子所受洛伦兹力方向，这也就说明？

生：洛伦兹力也满足左手定则。

师：好，老师转换条形磁铁方向，同学们先判断电子会向上还是下偏转？

生：向上偏转。

3. 电荷仅在磁场中的运动

师：同学们，回顾刚才洛伦兹力下"旋转液体"实验中电荷的运动轨迹类似什么运动？

生：圆周运动。

师：好，同学们猜想：轨迹是不是匀速圆周运动呢？匀速圆周运动中的"匀速"指的是什么？

生："匀速"指的是，速度大小不变，但方向一直在变。

师：从刚才的实验中已得出洛伦兹力方向与速度方向垂直，那洛伦兹力对运动电荷是否做功？

生：不做功。

师：由于运动电荷质量很小，我们忽略运动电荷重力，既然洛伦兹力不做功，运动电荷的速度大小变化吗？方向变化吗？是不是匀速圆周运动？

生：大小不变，方向时刻在变，是匀速圆周运动。

师：此处什么力提供向心力？

生：洛伦兹力。

师：好，如图 4–19 所示，同学们根据洛伦兹力与向心力的公式，列出半径 R 关于质量、速度、磁感应强度的关系式和周期 T 的表达式。

图 4–19 电荷仅在磁场中运动

生：$R = \dfrac{mv}{qB}$，$T = \dfrac{2\pi m}{qB}$。

师：好的，从两个关系式我们可以看出半径 R 与运动电荷质量和速度呈正比，周期 T 与运动电荷速度 v 和运动半径无关。

设计意图：教师逐步引导，学生自主推导运动电荷仅在洛伦兹力下运动的半径和周期的公式。

师：学到这里，我们来看一个生活中有关洛伦兹力的现象——极光现象，请同学们注意看 PPT（如图 4–20 所示）。

图 4–20 美丽的极光现象

师：极光是来自太阳的带电微粒在地磁场的作用下向地球两极聚集，并作用于大气层中的原子，发出奇异光芒的现象。同学们试着用本节课所学知识来解释这个现象？

生：带电微粒在地磁场中运动，受到洛伦兹力的作用，就向着地球的两极聚集，而在聚集过程中又与大气层中原子发生作用，因此发出奇异的光芒。

设计意图：普及极光现象的知识，便于学生主动将物理知识联系生活，培养对物理的兴趣。

（三）知识总结

师：同学们，回顾本堂课你收获了什么知识？

生：

（1）电流的微观表达式：$I = nqsv$；

（2）洛伦兹力的大小：$F_{洛} = qvB$；

（3）安培力是洛伦兹力的宏观表现；

（4）洛伦兹力方向：左手定则；

（5）电荷仅在磁场中的运动：$qvB = \dfrac{mv^2}{r}$，$qvB = \dfrac{m4\pi^2 r}{T^2}$，$qvB = mr\omega^2$。

八、作业布置

例 1 判定图中各带电粒子所受洛伦兹力的方向或带电粒子的运动方向（如图 4-21 所示）。

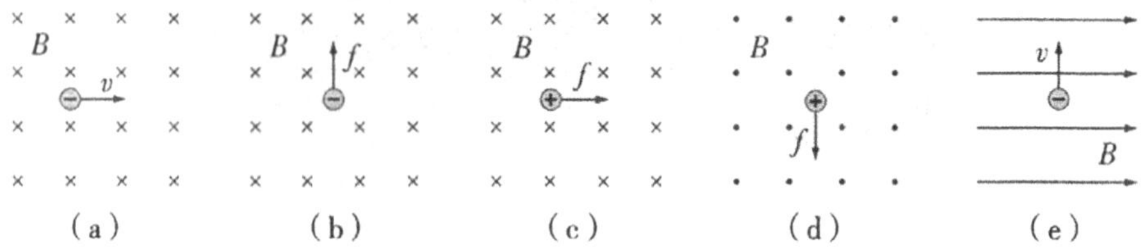

（a） （b） （c） （d） （e）

图 4-21　各带电粒子所受洛伦兹力的方向及带电粒子的运动方向

例 2 如图 4-22 所示，a 为带正电的小物块，b 是不带电的绝缘物块（设 a、b 间无电荷转移），a、b 叠放于粗糙的水平地面上，地面上方有垂直纸面向里的匀强磁场，现用水平恒力 F 拉 b 物块，使 a、b 一起无相对滑动地向左加速运动，在加速运动阶段（　　）。

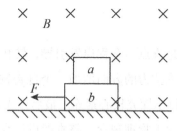

图 4-22　"洛伦兹力"实验图

A．a、b 一起运动的加速度减小

B．a、b 一起运动的加速度增大

C．a、b 物块间的摩擦力不变

D．a、b 物块间的摩擦力增大

九、板书设计

3.4 洛伦兹力

一、探究洛伦兹力

1．猜想与假设

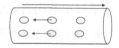

2．推理论证

$$I = \frac{\Delta q}{\Delta t} = \frac{neS\Delta x}{\Delta t} = neSv$$

$$F_{安} = ILB = neSvBL$$

$$F_{安} = NF$$

$$neSvBL = nSLF$$

$$F_{洛} = evB$$

3．实验验证

4．洛伦兹力大小：$F_{洛} = qvB(v \perp B)$

5．洛伦兹力方向：左手定则

二、电荷仅在洛伦兹力作用下的运动

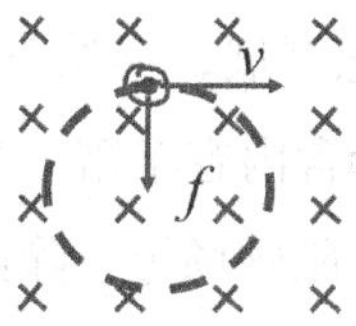

$$qvB = \frac{mv^2}{r}$$

$$qvB = \frac{m4\pi^2 r}{T^2}$$

$$qvB = mr\omega^2$$

图 4-23　"洛伦兹力"板书设计

十、教学反思

洛伦兹力公式的推导是难点，全程启发引导，转化为一个一个的问题，着力培养学生的科学思维。洛伦兹力的方向增加一个自制教具实验，具有创新性，培养学生严谨的科学精神和科学探究核心素养。最后极光现象，引导学生关注生活，从物理角度看生活，培养学生物理观念。整堂课设计高度关注核心素养培养，课上关注每个同学，以学生为主体，教师为主导的教学原则进行授课，注重培养学生的物理学科核心素养。本课例在多个中学实施，教师反馈和学生反馈均良好，化抽象为具体，非常成功！

第六节 案例研究 4 楞次定律

一、教学设计思路

（一）学情分析

目前，学生已经掌握了磁通量的知识，会分析磁通量的变化，也知道感应电流产生的条件，以及条形磁铁的磁感线分布状况，并且在学习本节内容之前学生已经接触过利用电流计研究产生感应电流的条件，以及二极管的特性，此阶段的学生已具备一定的实验探究能力和抽象逻辑思维能力，能较好地总结归纳物理规律。但是本节所涉及的内容多，规律复杂，围绕着电生磁、电与磁相互感应及一些比较抽象的概念开展，会给学生带来极大的理解上的困难。同时楞次定律中"阻碍"一次，所含内容丰富，学生在对其的理解和推理判断上，容易主观片面地将其理解为阻碍原磁场等。除此之外，这是生活中不易直接观察和接触的现象，也会给学生造成一定的学习障碍，因此教师在教学过程中要注意适当的引导学生。

（二）教材分析

"楞次定律"是人教版高中《物理选修 3-2》第四章第三节的内容，作为电磁学中的一条非常重要的定律，也是本章的重点和难点。《普通高中物理课程标准（2017 年版 2020 年修订）》对本节内容提出要求：探究影响感应电流方向的因素，理解楞次定律。楞次定律的学习，关键在于学生能否从实验所呈现出来的表象总结得到不同实验条件下的共同的特征，教材中多次采用表格的方式呈现实验结果，便于学生归纳思考。教材编写目的在于学生能通过对楞次定律的学习，形成相应的物质观、运动与相互作用观和能量观，并且能够用此定律来解释简单的自然现象和解决简单的实际问题。

从教材的内容上来看，教材提供的思路是让学生根据条形磁铁与闭合电路之间的四种通量变化方式自主完成实验探究感应电流的方向所遵从的规律。这对学生的观察、归纳、动手操作和实验设计能力要求非常高，直接开展实验，学生是很难看出楞次定律中的阻碍作用的，所以教材中引入一个"中介"的说法，也就是感应电流本身产生的磁场，来引导学生思考，为推动教学起到很大的作用，也便于厘清教学逻辑主线。

二、教学目标

（一）物理观念

（1）理解楞次定律的实验探究过程，能判断感应电流方向；

（2）理解楞次定律中"阻碍变化"含义，能简要说出对"阻碍变化"的理解。

（二）科学思维

（1）会用分析归纳，科学推理及科学论证解决问题；

（2）在探究过程中感知感应电流的方向与磁通量变化，并能建立联系。

（三）科学探究

（1）探究影响感应电流的因素，体会科学探究过程，培养学生实验、观察、分析、总结的能力；

（2）会根据电流方向变化情况猜想，感应电流方向与磁通量的变化有关。

（四）科学态度与责任

（1）通过团结协作，体验探索自然规律的艰辛与喜悦；

（2）通过情境的创设与解读，培养学生将科学技术应用于社会生产的生活意识和能力，以及严谨认真和实事求是的科学态度。

三、教学重难点

（一）教学重点

（1）理解楞次定律；

（2）会用楞次定律判断感应电流方向。

（二）教学难点

（1）对楞次定律的实验探究；

（2）对楞次定律中"阻碍"的理解。

四、教学方法

（1）教法：启发引导法、归纳总结法。

（2）学法：实验探究法、小组讨论法。

五、教学准备

（1）教学器材：线圈、磁铁、导线、干电池、灵敏电流计、楞次定律演示器。

（2）教学课时：1课时。

六、教学流程图

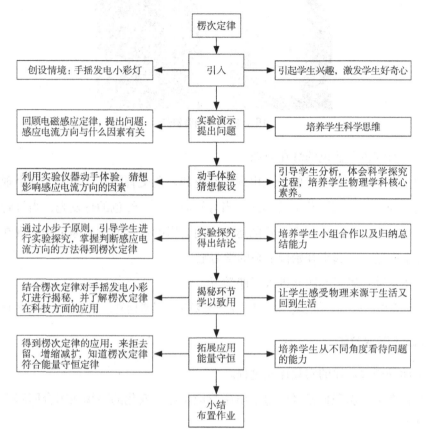

图 4-24 "楞次定律"教学流程图

七、教学过程

（一）导入

师：同学们好，今天我们一起来学习楞次定律。在学习楞次定律之前呢，请大家看老师带来的自制手摇发电小彩灯。首先，老师要告诉同学们，这个灯管里没有电源。现在老师用力摇晃灯管，同学们看到了什么现象（如图 4-25 所示）？

图 4-25　手摇魔幻灯

生：有红色和蓝色的灯在闪烁。

师：对，彩灯随着我的摇晃出现了红色和蓝色交替闪烁，但是，这个现象并不清楚，同学们看到屏幕上的动图，当灯管向上时，红色的灯发光，当灯管向下时，蓝色的灯发光，为什么灯管的运动方向会影响灯带的发光颜色呢？现在我们带着这个问题，一起来开始接下来的学习吧。

学生活动：思考问题并进入新课学习。

设计意图：吸引学生注意力，使学生产生好奇，思考问题，让学生快速进入课堂。

（二）新课教学

下面是楞次定律的实验探究过程。

师：在上节课我们已经学过了电磁感应定律，变化的磁场在闭合回路中可以产生什么？

生：感应电流。

师：现在，请同学们看老师的演示，老师将磁铁插入螺线管，请同学们观察电流计指针的变化，同学们发现了什么（如图 4-26 所示）？

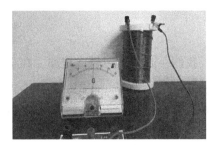

图 4-26　楞次定律实验图

生：电流计指针发生偏转，说明产生了感应电流。

师：那现在呢？（教师将磁铁插入并拔出螺线管）同学们观察到什么现象？

生：电流计指针往两个不同方向偏转了。

师：非常好，电流计指针方向发生了改变，说明感应电流的方向发生了改变。为什么感应电流方向发生改变了？

学生活动：学生利用实验仪器，猜想影响感应电流方向的影响因素。

设计意图：通过实验演示，让同学们体会条形磁铁插入或拔出螺线管时，电流计的两次不同方向偏转（感应电流方向不同），从而引出课题探究感应电流的方向。同时复习电磁感应定律，引导学生之后的探究实验。

（1）猜想与假设：

师：现在，老师将实验器材交给大家，请大家利用实验器材，进行猜想，什么导致了感应电流方向发生改变？

生甲：我认为可能与磁铁运动方向磁极方向有关。

生乙：我认为和磁通量的变化有关。

师：非常好，请坐。这两个同学说影响感应电流方向的因素，可能有磁场方向、磁铁运动方向及磁通量的变化，为了验证同学们的猜想，我们就需要进行实验。在实验过程中，磁场方向，磁铁运动方向，磁通量的变化，都有可能影响到电流的方向，因此我们要通过什么方法来进行实验？

生：控制变量法。

设计意图：引导分析，使学生猜想感应电流的方向可能与磁通量的变化及原磁场的方向有关。体会科学探究过程，培养学生物理学科核心素养。

（2）实验探究：

师：老师这里，有一个用二极管灯、螺线管、磁铁做成的实验器材（如图4-27所示）。

图4-27 自制探究感应电流方向演示仪

学生活动：学生了解实验仪器。

师：在这之前，我们学过，二极管具有什么特性？

生：单向导电性。

师：对，单向导电性，利用二极管的单向导电性，可以更加直观地看出感应电流方向。接下来请同学们利用实验器材验证之前的猜想。

师：首先看一下磁铁运动方向，我们控制磁场方向相同，都向下，当磁铁向下运动时，绿灯亮，感应电流方向如何？

生：逆时针。

师：当磁铁向上运动时，红灯亮，感应电流方向如何？

生：顺时针。

师：根据实验现象我们是否可以得出磁铁运动方向就决定了感应电流方向？

生：不可以，磁场方向可能也会影响感应电流方向。

师：好，我们继续看实验：磁铁运动方向相同，改变磁极，观察感应电流方向。磁场方向向下时，感应电流方向如何？

生：顺时针。

师：磁铁方向向上时，感应电流方向如何？

生：逆时针。

师：说明磁场方向也会对感应电流方向有影响。

师：再来看一下磁通量的变化，控制磁场方向都向上，磁通量增大时，感应电流方向如何？

生：顺时针。

师？磁通量减小时，感应电流方向如何？

生：逆时针。

师：说明磁通量变化也会影响感应电流方向。

设计意图：学生亲身参与探究活动，获得感性认识，使知识自然生长出来，并能得到自主探索、合作交流的能力。引导学生设计实验方案，进行实验探究，体会科学探究过程，培养学生物理学科核心素养。

师：请大家看屏幕，我们用表格汇总刚才的实验结果，请大家分析表 4-1 数据，找一下规律。

表 4-1 实验结果汇总表

示意图	感应电流方向	磁通量的变化	原磁场方向	感应电流磁场方向
		增加	向下	向上
		减少	向下	向下
		增加	向上	向下
		减少	向上	向上

师：大家思考一下，磁铁会产生磁场，我们在奥斯特电流磁效应中，学过电流也能产生磁场，当时是通过什么方法来判断电流产生的磁场方向？

生：右手螺旋定则（学生利用右手螺旋定则判断感应电流产生的磁场方向）。

师：非常好，我听到有同学说右手螺旋定则，那现在就请大家用右手螺旋定则，判断一下这 4 种情况中感应电流磁场方向。在第 1 个实验中，电流沿逆时针方向，依据右手螺旋定则，可以判断出感应电流磁场方向向上。那么第 2、第 3、第 4 个实验的感应电流磁场方向如何？

生：向下、向下、向上。

师：那么感应电流产生的磁场和磁体的磁场会不会有某种必然联系呢？请大家以小组开展讨论。

学生活动：小组讨论。

师：有同学知道它们之间有什么关系吗？

生：可能是磁通量发生变化会影响感应电流的方向。

师：好的，现在跟着老师一起来看一下这个表格，求同求异，先看磁通量增大的情况下，规律是：感应电流磁场方向与原磁场方向总是相反的。反之，当磁通量减小时，感应电流磁场方向与原磁场方向总是相同的，我们把这种规律用4个字来概括：增反减同。

设计意图：这一过程学生观察思考，讨论交流，相互补充，让学生对实验现象进行归纳总结，既是学生从感性认识到理论认知，把握事物本质的过程，又是培养自己分析判断，归纳总结能力的过程。

师：概括起来——当磁通量增大时，感应电流磁场方向与原磁场方向总是相反，当磁通量减小时，感应电流磁场方向与原磁场方向总是相同。从特殊到一般，我们可以得出感应电流磁场总是阻碍原磁通量的变化。为了使同学们更加清楚，我们再来看一下：当磁铁向下运动，螺线管中磁通量增加，感应电流磁场方向与原磁场方向相反，阻碍原磁通量的增大。当磁铁向上运动时，螺线管中磁通量减少，感应电流磁场方向与原磁场方向相同，阻碍原磁通量的减小。这就是我们今天所要学习的楞次定律，感应电流具有这样的方向，即感应电流的磁场总是要阻碍引起感应电流磁通量的变化。

设计意图：总结学生探究实验，让实验结果更清楚，便于学生对比，得出结论。

师：但是大家要注意的是，感应电流磁通量对原磁通量时阻而未止。学习了楞次定律后，请大家了解一下伟大的物理学家楞次。

设计意图：让学生了解物理学史，体会人类探索自然规律的科学态度与科学精神，培养学生的人文精神。

师：回到之前手摇发电小彩灯，我们一起对它进行揭秘，其实，这个灯管里面装了一个磁铁，我们在摇晃彩灯时，灯管内磁通量发生变化，使彩灯产生感应电流，而磁铁的来回运动，改变了电流，因此我们的灯就会出现红色和蓝色交替闪烁。

设计意图：结合楞次定律对手摇发电小彩灯揭秘，前后呼应。

师：接着看着我们的这幅图，这是一种磁力缓降高楼逃生装置，装置里面装有较多强磁铁，当人穿上这种装置，从高楼跳下时，磁铁与金属之间会产生感应电流，在下降过程中，电流产生的磁场与原磁场会相互阻碍，从而减缓人们向下落的速度，利用这个原理制作了磁力缓降高楼逃生装置，感兴趣的同学课后可以自己去搜索资料，详细了解。

设计意图：联系实际，让学生了解楞次定律在科技方面的应用，体会物理来源于生活，又回到生活。

师：了解完楞次定律之后，我们再来观看两个视频。请同学们尝试用刚刚所学的楞次定律来解释这两个现象。

师：楞次定律的应用。感应电流产生的磁场总是阻碍原磁场的变化。

在第一个视频中，磁铁靠近铝环，磁通量增大，铝环的感应电流产生的磁场要阻碍磁通量的增大，所以磁铁靠近铝环时，铝环远离，同理，磁铁远离铝环时，铝环靠近磁铁。这可以概括为四个字：来拒去留。

第二个视频中，当磁铁靠近线圈时，磁通量增大，线圈中的感应电流产生的磁场要阻碍原磁通量的增大，所以磁铁靠近线圈时，线圈缩小，反之，线圈扩大。

师：回顾之前的探究实验，可以发现感应电流在闭合电路中要消耗能量，在磁体靠近或远离线圈的过程中，都要克服电磁力做功，克服电磁力做功的过程，就是将其他形式的能转换为电能的过程。因此，楞次定律也是符合能量守恒定律的。

设计意图：扩展楞次定律的应用，扩大学生知识面。

师：现在，老师请一个同学分享一下本节课学到了什么？

生：第一，探究了感应电流方向影响因素；第二，学习了楞次定律的内容；第三，要知道阻碍的表现，增反减同；第四，要明确感应电流磁场是阻碍原磁通量的变化，而不是阻止。

设计意图：巩固学生本节课所学知识，加深同学对本节课知识的理解及记忆。

八、作业布置

（1）教材第17页，课后习题1、2、3题；

（2）课后自己动手制作简单的楞次定律器材，探究磁场与感应电流的关系。

九、板书设计

板书设计如图 4-28 所示。

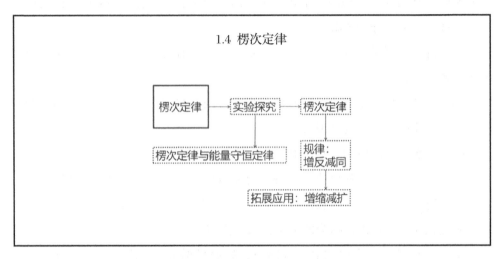

图 4-28 "楞次定律"板书设计

十、教学反思

在本节课教学过程中，通过设计自制创新教具"摇晃七彩灯"激发学生的好奇心和求知欲，然后利用自制创新教具"双向 LED 灯"探究感应电流方向，引导学生逐步深入猜想并通过实验分析验证感应电流方向与运动方向关系、磁场方向关系、磁通量变化关系，体现科学探究本质。在学生思维进入困境时，不是简单粗暴给出答案，而是继续引导学生思维方向：电、磁之间的关系，从而分析感应电流的磁场与原磁场磁通量变化的关系，跳出了很多中学课堂直接给出表格然后学生填写再从表格中找规律的模式，真正体现科学思维的过程。本节教学以学生为主体，通过学生对实验现象的分析归纳与总结，教师起启发引导作用，这样不仅能让学生深刻理解楞次定律，而且能提升学生的实验分析技能、归纳总结和逻辑思维能力。另外，在教学过程中注重德育的渗透，体现物理学科是实验学科的特点，培养学生实事求是严谨的科学态度，从实验中来再回到实验中去，从生活走向物理，再从物理走向社会。

第七节 案例研究 5 力的分解

一、教学设计思路

（一）学情分析

学生在学习本节内容之前，已经学习了力的合成的相关内容，已形成重要的等效替代思想，对于矢量的合成运算方法采用平行四边形法则已有初步的接触，并且本节内容与实际生活联系紧密，学生在学习过程中结合生活实际理解知识点会更加容易。虽然本节内容为力的合成的逆过程，但学生对矢量的运算仍然不熟悉，并且力的分解比力的合成更为复杂，因为力的合成具有唯一性，而力的分解的结果并不唯一，有无数种可能，需要学生根据力的实际作用效果来分解力，对于学生来说无疑是一大难点。根据皮亚杰认知发展阶段理论，高中阶段的学生虽然已具有良好的抽象逻辑思维能力，但在建立物理模型及采用科学探究方法解决实际问题方面还有待提高。因此，教师在教学过程中，应尽可能为学生创造合适的情境，引导学生多联系生活实际，化抽象为具体，从定性分析向定量研究递进，让学生成为课堂的主体。

（二）教材分析

"力的分解"是教科版高中《物理必修 1》第二章第六节的内容，是在前节力的合成之后，对力的等效替代思想的深入学习，以及对平行四边形定则的进一步应用，为以后解决力学问题奠定了良好的基础，力的分解既是本章的重点也是本章的难点。《普通高中物理课程标准（2017 年版 2020 年修订）》中对本节的内容要求：通过实验，了解力的合成与分解，知道矢量和标量。能用共点力的平衡条件分析生产生活中的问题。

教材通过一个简单的"运动员举重"的例子导入，让学生从力的合成过渡到力的分解，学会从等效替代的角度理解力的分解的概念，并构建模型得出力的分解有无数多种结果，应根据力的实际作用效果来进行分解，接着以活动的方式，构建高中重要的斜面滑块模型，并引导学生进行力的分解的矢量运算，用"斧子劈树桩"和"引桥"的例子探究力的分解的特点，最后是用直升机倾斜飞行原因引出高中重要的力的正交分解的内容。

（三）教学设计思路

教学设计基于核心素养培养思路，从生活应用案例入手，以问题为导向，按照科学探究的思路开展教学，经历合理猜想，数学推证，实验精准验证的过程，最后学以致用培养学生物理学科核心素养。

二、教学目标

（一）物理观念

（1）知道力的分解及力的分解遵循平行四边形法则；

（2）能根据力的作用效果分解力并求解分力。

（二）科学思维

（1）进一步体会"等效替代"的思想；

（2）根据生活实例构建物理模型，并归纳总结求解分力的基本思路。

（三）科学探究

通过创设问题情境，抽象建模，猜想假设，理论推导，实验探究，掌握力的分解的基本方法。

（四）科学态度与责任

（1）通过科学探究活动，培养学生善于思考和追求严谨的科学态度；

（2）用物理观念来看生活中的关于力的分解的物理问题，爱生活爱物理。

三、教学重难点

（1）教学重点：生活实例抽象建模及力的作用效果探究过程，掌握力的分解的基本方法。

（2）教学难点：体会实例中力的作用效果及运用平行四边形定则求解分力。

四、教学方法

实验法、讲授法、启发引导法、归纳总结法。

五、教学准备

（1）教学器材：自制简易水平力的分解演示仪、斜面重力分解实验演示仪、多媒体、PPT。

（2）教学课时：1 课时。

六、教学流程图

教学流程如图 4-29 所示。

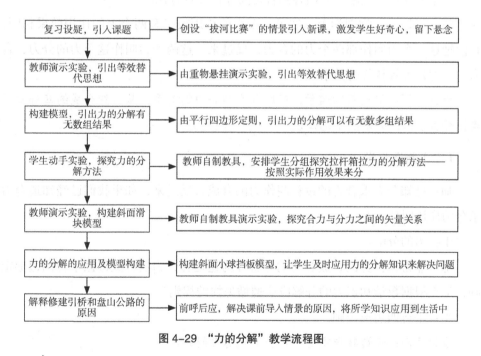

图 4-29　"力的分解"教学流程图

七、教学过程

（一）导入

师：同学们，下面是拔河比赛的现场直播，我们现在看到的是两位男同学拔河，他们势均力敌，进入了僵持阶段。请问一个柔弱的女生能否战胜他们两个男同学呢？

学生活动：女同学在中间轻轻用手一拉打破僵持。

师：惊喜不惊喜，温柔力弱的女生居然可以胜过两个壮小伙！物理总是让人惊奇，学好物理你也可以做到以弱胜强哟！

设计意图：发出问题，留下悬念，激发学生对问题的兴趣，引起学生的好奇心。

复习回顾：

师：用一个力可以让重物悬挂在空中静止，也可以用两个力将重物悬挂起来。那么从力的作用效果的角度来看，这一个力和这两个力之间有什么关系？

学生活动：学生思考并回答两者之间存在等效替代。

师：很好，在物理学上，如果一个力的作用效果和两个力的作用效果相同，我们把这一个力叫作那两个力的合力，反过来，这两个力叫作这个力的分力，合力和分力是等效替代的关系。

设计意图：根据教师演示，回顾分力与合力的关系，从力的合成的基础知识类比外推出力的分解的基础知识。

（二）新课教学

师：已知分力求合力的过程叫作力的合成，反过来，如果我们已经知道合力求分力应该叫什么？

生：力的分解。

师：非常棒！力的合成和力的分解互为逆运算，力的合成遵循平行四边形定则，那么根据数学知识力的分解应该遵循怎样的规则？

生：平行四边形定则。

设计意图：渗透物理观念，学会类比思考问题。

1. 力的分解

教师板书：

定义：求一个已知力的分力叫力的分解。

定则：力的分解遵循平行四边形定则。

学生活动：学生记录笔记。

（1）分解一个已知力，不限制分力的大小和方向。

师：同学们，现在有一个已知力，请同学们动手在草稿纸上对这个力进行力的分解，并告诉老师你能将它进行多少次的分解（如图 4-30 所示）？

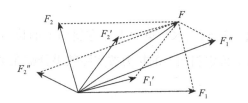

图 4-30　无限制条件下一个力的分解

生：无数组。

师：如果没有其他的限制，同一个力能够分解无数对大小，方向不同的力。在实际问题中，一个已知力究竟应该如何分解呢？

学生活动：陷入思考。

（2）拉杆箱拉力的分解。

①创设情境。

师：同学看老师现在拉着一个手拉箱，手拉箱受到一个斜向上的拉力，这个拉力对手拉箱有什么样的作用效果呢？

生：向前拉动和向上提起。

设计意图：联系生活，学会从生活现象看物理问题，培养物理观念。

②启发引导，抽象建模，结合生活经验猜想假设。

③实验验证。

师：请同学们用老师自制的教具（如图 4-31 所示）对小车施加一个往左的斜向上的力，观察电子秤和弹簧测力计的示数变化。

图 4-31　简单拉力分解装置图

学生活动：学生分组实验，对实验现象谈论交流。

设计意图：让学生自主探究，培养学生的实验探究能力及分组合作能力。引导学生运用抽象思维思考问题，掌握物理问题与数学手段相结合具体运用，帮助学生跨越思维和能力上的种种难关。

④数学求解

师：通过实验现象得到在水平桌面上往左斜向上的拉力可产生竖直向上和水平向左的两个分力。确定斜向上的拉力按实际效果分解在水平与竖直向上两个方向。

师：老师将以上的实验模型进行抽象建模（如图4-32所示）请同学们根据实验得出实际效果分解力。

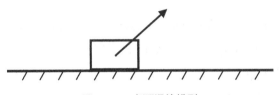

图4-32　桌面滑块模型

学生活动：学生跟随老师一起进行力的分解，和老师一起运用数学手段表示出分力的大小。

设计意图：带领学生同步进行力的分解，突破学生在本节课求解分力大小的难关。培养学生科学思维和科学探究精神。

2.联系生活实际

教师活动：带领学生建立平行四边形（同步黑板演示）及讲解如何用三角函数及数学手段的关系用合力得出分力的大小。

（1）斜面滑块模型。

①创设情境。

师：为什么高大的桥要建造引桥？

学生活动：对于引桥问题进行思考，联系生活实际试着回答问题。

②抽象建模。启发引导，截取一段引桥进行抽象建模，建立斜面滑块模型（如图4-33所示）。

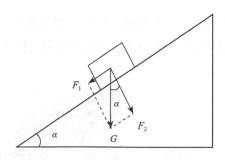

图 4-33　斜面滑块模型

③启发引导，体会重力的作用效果。

生：书往下滑，书压着手。

设计意图：培养学生的物理观念和科学思维。以递进式的实验教学打破传统实验中逻辑建立、逻辑分析过程的缺失，以科学探究的方式，达到培养学生物理学科核心素养的目的。

（2）体会重力的作用效果。

【实验 1】将书放在水平的手臂上，感受重力压的效果；再次放在倾斜的手臂上，感受书重力下滑的效果。

师：通过实验体验并猜想重力产生的作用效果。

师：书对手臂有压力，书往下滑受到了力，这是我们感受得到的，下面我们通过一个实验定性地进行实验。

【实验 2】将重物从架高构成斜面的薄木板上滑下，观察实验现象。

师：分析重物下滑和薄板形变的原因？

生：使重物沿斜面下滑，下滑过程中重物使木板弯曲。

①理论推导。

教师活动：在建构的斜面模型上按力的作用效果分解重力并用数学知识求解重力的两个分力。

学生活动：观察实验现象，并记录实验数据。

②精准实验验证。

师：物理是一门实验性的学科。实验验证斜面夹角与重力分力之间的关系。

设计意图：让学生体会到物理是一门以实验为基础的学科及数学是解决物理问题的工具。

教师活动：介绍实验仪器；教师演示进行一组实验（如图 4-34 所示），学生完成其他几组；比较理论值与实验值所反映的重力分力的大小变化。

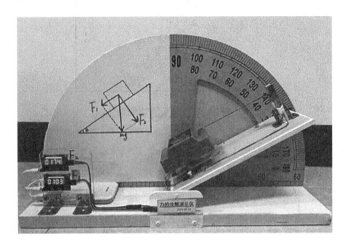

图 4-34　力的分解实验演示仪

学生活动：观察实验现象，并记录实验数据。

③总结结论。总结归纳得出结论。验证理论推导方程式；斜面倾角与重力分力的关系。

师：通过实验值和理论值的变化，同学们可以从中得出怎样的结论？

生：随着夹角的增大，重力沿着斜面下滑的分力逐渐增大，垂直于斜面的重力分力逐渐减小。

设计意图：培养学生对物理实验结果的归纳总结能力。

④学以致用。用本次实验探究的结论解释引桥的问题。

（3）斜面小球挡板模型（如图 4-35 所示）。

①力的分解法求解三力平衡。

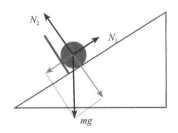

图 4-35　斜面小球挡板模型

学生活动：通过多媒体演示，体会力的分解的动态平衡问题。

设计意图：通过问题，激发学生继续探究的兴趣。

②动态平衡求解。

师：通过缓慢转动挡板，分析受力，平移图像对比得出图解法（如图4-36所示）。

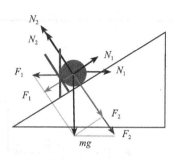

图4-36 动态变化

③分析分力与夹角的关系，学以致用。

现在同学们能解释刚上课时老师是如何实现四两拨千斤的吗？（回归导入留下的疑惑）

学生活动：学生们和老师共同分析。解决导入的疑问。

设计意图：前后呼应，达成本节教学的能力目标，让学生能够学以致用。

④生活中力的分解的例子：盘山公路。

⑤进行情感教育：人生就像是爬山，虽然是曲折蜿蜒的，但始终是向上的，最终会攀上顶峰！

设计意图：使学生在高中阶段从物理学科中培养道德情感，努力提高学生的综合素质。

（三）知识总结

师：通过本节课的学习，大家有什么收获？

学生总结：

（1）力的分解的定义；

（2）力的分解遵循的定则；

（3）简单模型力的分解的步骤；

（4）斜面夹角与重力分力的关系。

设计意图：及时总结、达到自我反馈的目的。

八、板书设计

板书设计如图4-37所示。

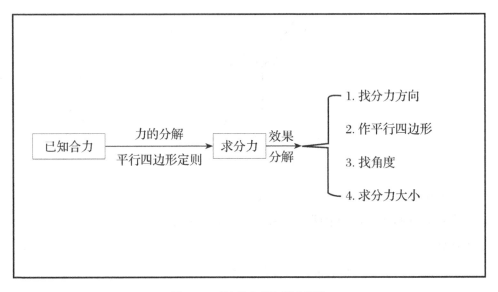

图4-37 "力的分解"板书设计

九、作业布置

复习巩固本节课所学知识，完成教材练习与评价1、2题。

设计意图：及时运用所学知识，加深理解。为下节课学习埋下伏笔。

十、教学反思

在本节教学设计中，以生活案例入手，培养学生物理学科核心素养中的物理观念，然后采用问题导向，猜想假设，理论推导，实验验证，培养学生科学思维和科学探究意识，在实验操作中体现物理学科严谨的科学态度，解决盘山公路后体现课程思政，从"问题—体验、定性实验提出猜想—理论推证—精准实验验证"培养学生科学态度和责任。

第五章 物理实验教学研究

物理学是一门以实验为基础的学科，因此物理实验教学是物理学科教学的重要组成部分，也是物理学科教学的重要基础。物理实验中蕴含丰富的物理思想和科学方法，实验对培养学生观察、分析、协作、归纳、创新都有不可替代的作用，因此研究物理实验教学设计有利于提升学生物理学科核心素养培养的有效性。本章主要从物理实验分类、功能、演示实验教学、实验习题教学、分组实验教学角度进行阐述。

第一节 物理实验教学

物理实验是在人为控制实验条件的情况下，运用物理实验仪器设备、信息技术等手段，使物理现象重复呈现，从而便于学生有目的进行观测、研究的一种方法。

一、物理实验教学的分类

物理课堂教学的实验可以从实验主体和实验目的角度进行分类。

（一）从实验主体角度来看，分为教师演示实验和学生分组实验

一般把以教师为主体开展的实验叫作演示实验，以学生为主体开展的实验叫作学生分组实验。

演示实验主要是教师动手操作，学生观察物理现象和物理过程，教师引导学生分析、思考、归纳总结，从而建立物理概念或物理规律。演示实验一般模式是教师通过讲解来引导学生理解实验原理，提醒学生观察目标，示范实验操作过程，由实验现象得出实验结论。随着新课标理念在中学的不断深入实践，演示实验逐渐变化到学生代表配合操作，甚至在部分研究课中演变为基本由学生代表在老师

的引导下操作，不过从功能角度来看依然可以视为演示实验。

学生分组实验分为课内的分组小实验和单独的物理实验课两种。课内的小实验是指在物理概念或规律课的教学中，由学生动手（或分组）操作的实验。比如，牛顿第三定律教学设计可以让两个学生分别用弹簧秤对拉观察示数来寻找作用力和反作用大小的关系，这类实验在教材编写中通常命名为"活动"。学生分组实验中的物理实验课通常是实验原理、步骤、数据处理等相对复杂的，单独用一课时来完成的实验。比如"测定电源的电动势和内电阻"实验，实验原理和数据处理、误差分析都相对复杂，且拓展的"伏阻法"和"安阻法"及数据处理都具有较高难度，有必要单独以"实验课"形式开展实验研究，在课程标准中规定为"学生必做实验"。

（二）从实验过程或结果预知来看，分为探究性实验和验证性实验。

探究性实验是学生通过实验获取到的相关问题的证据，运用所学知识分析、对比、归纳，发现事物的本质特征，从而寻找得出事物变化规律。

验证性实验是已经通过推理等方式预知了实验结果，采用实验的方式对预知的结果进行实验验证的过程。

中学物理实验既有探究性实验也有验证性实验，如探究加速度与合外力、质量关系，探究影响感应电流方向的因素，验证机械能守恒定律，验证动量守恒定律。

（三）从实验目的角度来看，分为测量类实验和练习类实验

测量类实验指以某一原理或公式规律为依据，通过测量相关物理量，从而达成测定某个物理量的实验目的。比如，测量金属的电阻率、测量电源电动势和内电阻、测量玻璃折射率、用油膜法估测分子的大小。

练习类实验是指通过练习的方式来熟悉和掌握某一实验器材的实验，如练习使用托盘天平，练习使用多用电表等。不过随着课程标准的修改，单一的练习类实验逐渐淡出，如练习使用托盘天平实验现在义务教育物理课程标准修改为"用托盘天平测量物体的质量"，具体建议是测量固体（小木块）和液体（杯中水）的质量。原来的练习使用游标卡尺实验在高中物理课程标准中也被整合为"长度的测量及其测量工具的选用"。

（四）从实验场地空间来看，分为课内实验和课外实验

从实验场地来看，与课堂教学配套的"课带实验"或"专题实验"，包括课堂实验（随堂实验）、实验室分组实验等；还有课堂外做的课外实验，包括课后小实验、研究性学习及与物理学科密切相关的青少年科创实验。

另外，也可以从实验器材或创新的角度去做区分，用专门的厂制物理实验器材做的实验通常称为常规实验，也有通过自制教具做的自制教具"非常规"实验，而非常规实验往往又是创新实验，创新实验教育功能优势明显。如果从实验数据处理程度来区分，可以分为定性实验和定量实验。

二、实验教学的功能及任务

物理课程标准非常重视物理实验教学的功能，高中物理课程标准对物理学科核心素养培养的四个维度表述中都没有离开物理实验，《义务教育物理课程标准（2022 年版）》对物理实验探究描述为"实验教学旨在体现物理课程实践性的特点，培养学生发现问题和提出问题的能力、动手操作和收集数据的能力、分析和处理数据的能力、解释数据的能力、表达和交流的能力"，以上描述充分说明物理实验在教学中的重要作用。

（一）创设有利于学习的情境，激发学习兴趣和动机

物理实验具有直观、真实、生动、有趣等特征，因此对学生有很强的吸引力，容易引发学生的主动注意，从而激发学习动机。比如："安全用电"一节中讲授保险丝在电路中的作用不如直接用较大的电流使得保险丝烧毁，学生现场感受大电流下保险丝的熔断比教师的语言解释震撼太多；"自感"一节，让学生手牵手感受断电自感（"千人震"）电流比老师语言来得直接和直观；"冲量 动量"一节，可以让鸡蛋从空中下落，学生猜想是否会碎，没有碎和碎了两次实验的差异，从而引发学生思考，或者教师演示"蛋碎瓦全"实验，利用认知冲突导入新课效果良好；"圆周运动实例分析"一节用下图 5-1 实验装置导入，直接用小球模拟翻滚列车在什么情况下能够安全通过轨道最高点，可以极大地激发学生的好奇心和求知欲。

图 5-1　轨道小球实验

　　实验如果是用于课题导入的演示实验，一般要重点考虑对学生的吸引力，并且一般只展示现象不分析本质，使学生产生悬念，带着疑问去学习效果往往更好。课中创设情境的实验则要考虑有利于学生学习，如概念教学实验创设的情境要有利于学生提取本质属性，规律教学实验创设的情境要有利于发现规律。比如，"加速度"一节要演示实验构建加速度概念则要创设速度随时间变化的一个情境，而只是拍摄一个运动视频并不能清晰显示速度变化快慢，要突出这个特征可以配合分镜头显示时速表，这个是最直观的。

（二）抽象变直观，展示科学现象和规律，促进对概念和规律的理解

　　实验可以将抽象的内容直观呈现出来，便于学生接受和理解，促进知识的建构。比如："摩擦力"一节，用牙刷或者毛刷演示摩擦力方向（如图 5-2 所示），特别是静摩擦力的方向，可以将抽象的"相对运动趋势方向"简单直观显示出来，突破难点；"升华"一节，可以通过现场实验让学生看到固态碘加热升华，然后冷却后玻璃表面出现碘的粉末。

图 5-2　毛刷演示静摩擦力方向实验

（三）培养学生的观察、分析和实验基本技能，掌握科学方法

　　实验需要通过观察、分析去发现事物的本质特征或规律，因此可以培养学生的观察能力、抽象思维能力。通过实验器材的安装、调试、操作，控制实验条件，正确读数和数据处理，培养实验基本技能。实验中往往涉及多种科学方法，如控制变量法、图像法处理数据等，通过实验可以促进学生内化科学方法。比如，探究物体加速度与合外力、物体质量关系实验（如图 5-3 所示）中，通过控制实验条件平衡摩擦力，多个变量研究采用控制变量法，最后用图像法处理数据，可以有效地培养学生多种能力。

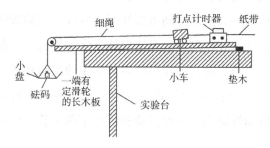

图 5-3　探究加速度与力、质量关系实验

（四）培养学生的科学态度

在实验操作和数据处理中，可以培养学生严谨的科学态度和社会责任感。比如：天平的调平，需要学生耐心细致；电路的连接，需要学生严谨地操作，不然可能会损坏电表等器材。

第二节　物理演示实验教学模式及案例研究

一、演示实验

（一）演示实验概念

演示实验是指教师根据课堂教学的需要，为所学习的内容配上恰当的实验，旨在通过演示帮助学生获取感性认识，从而建构或理解物理知识，降低学习难度。

(二)演示实验分类

根据实验的教学目标一般将演示实验分为验证性演示实验、探究性演示实验、应用性演示实验。

1. 验证性演示实验

验证性演示实验是指在实验方案、器材、步骤、结果等可能均知道的情况下对物理概念或物理规律进行验证的过程。验证性实验只需要按部就班地完成实验即可，实验效果可控性好，实验时间可控性好。验证性实验按部就班操作，部分学生可能感觉缺乏挑战性和新颖性，无法发挥学生的创造力，在培养学生科学思维上也可能存在不足，但是通过操作可以培养学生的实验技能，且验证性演示实验的结果可以加深学生对新知识的理解。例如，"自由落体运动"一节的牛顿管演示实验，只需将玻璃管抽真空对比铁块和纸片下落实验，短短几十秒的时间就能验证。

基于课程标准"学生主体"思想，验证性演示实验设计可以修改为教师引导学生自行设计各种验证方案并分析、推证其可行性和简便性，然后进行演示示范。这样做不仅可以加深学生对物理规律的理解，还可以培养学生严谨务实的工作作风。比如"验证机械能守恒定律"实验，引导学生思考"只有重力做功的运动模型有哪些？""有哪些方法可以测量速度和高度？怎样测量相对简单、准确？"然后学生分组讨论只有重力做功的多个模型分析其可行性，最后学生交流分享，教师演示。

2. 探究性演示实验

探究性演示实验是指学生根据实验目的、实验器材等要求，自己动手动脑设计实验方案，寻找实验规律。探究性演示实验是用探究式教学法设计演示实验的教学流程、教学结构的过程，学生在演示实验操作过程中仔细观察实验现象，分析实验，通过猜想、论证、归纳出实验中蕴含的规律，实现知识的建构。探究性演示实验和学生的探究性实验差异在于教师介入的程度，探究性演示实验需要教师引导学生探究的方向，师生一起经历问题、猜想、论证、分享等科学探究过程。

3. 应用性演示实验

应用性演示实验主要是示范正确使用基本仪器、实验基本技能、物理量测量基本方法，另外帮助学生将物理实验迁移到生产生活中解决实际问题。比如，用单摆测定当地重力加速度，用打点计时器测定物体运动加速度等。

（三）演示实验教学

传统的演示实验教学方式是教师操作学生观察实验现象，教师是实验的主体，起演示和指导的作用；学生主要负责观察，经常被动接收信息。

为了活跃课堂气氛，增加学生的参与性，教师可以在实验的过程中请学生代表帮助操作实验或者干脆让学生动手操作，教师一旁指导。从"教无定法"的角度看，教学方法也是与时俱进的，这种增加学生参与性的教学方式，更能培养学生的科学素养，符合新课程理念。

传统的实验教学手段有物理仪器、实物、模型等，将信息技术与实验教学融合还可以播放演示物理现象的微视频，或者利用计算机软件将不好观察的实验改为虚拟仿真实验。另外，为了提升实验可视性可以采用手机或摄像头实时传播的方式投放在大屏上，方便学生观看现象，尤其是部分光学实验对视角要求较高效果良好。在数据收集及处理方面，实验 DIS 实验系统很好地解决了数据收集和处理的问题，提升了实验效率。信息技术手段的使用给实验教学带来更多的可选择性，但是过多地依赖多媒体技术也会使演示实验失去本来的初衷，因此在实际的教学过程中教师还应合理应用教学手段提高演示实验教学有效性。

二、演示实验教学原则和要点

（一）精心选择实验，确保教学目的达成

演示实验用在不同的教学环节，教学目的不同，对实验的要求也不同。比如，用于导入部分的实验，实验必须有很强的趣味性和吸引力，要能够充分激发学生的学习动机。用于物理概念建立的演示实验，就必须充分考虑导向——便于发现事物的物理本质属性。另外，实验重要功能是化抽象为具体地给学生提供感性认识（直接经验），那就要考虑学生已有经验。哪些实验是可以不做的？有生活经验的，很熟悉的，可做可不做。如果要做就要有所创新，这样才能更好地吸引学生。没有生活经验的，甚至有认知冲突的，书上没有安排实验也要做努力争取做演示实验。比如，超重和失重，以及在失重条件下由于重力产生现象消失的实验，学生没有生活经验，就非常有必须做实验了，除了高端的人造飞船中的完全失重

视频，也可以选用接地气的装满水的矿泉水瓶戳洞后观察抛体运动中水是否流出实验来证明。另外，超重失重现象也可以分小组在电梯中用数字体重计拍视频，上课视频展示。

（二）严格设计实验，确保实验原理正确，确保实验的科学性

物理实验本质上就是科学实验，因此首先要保证原理正确，具有科学性。比如，有同学在"磁通量"教学时实验设计为：用发光LED射灯来模拟磁感线去演示磁通量，通过控制LED灯珠个数来模拟磁场强弱，通过旋转PVC塑料板来模拟线圈面积变化，从出发点来看没有问题，但是科学性就值得商榷了。也有同学在自制教具演示电磁阻尼时，用钕磁铁从相同宽度和长度的倾斜铜板、铁板、铝板、塑料板上下滑对比实验来探究电磁阻尼，没有考虑摩擦和磁铁对铁板的吸附等作用影响，原理设计明显不严谨。

（三）提前准备实验，优先选择操作简便、安全的实验器材，保证实验可重复性好

演示实验教学前，教师要对实验器材进行选择，同等条件下选择简单易操作的实验器材；检查实验器材是否能够正常使用，并提前预做实验，确保实验效果及实验可重复性好。

（四）合理使用演示实验器材和技术手段，提高教学直观性、可视性，减少实验干扰因素

演示实验教学设计时，教师要选择专门演示用的实验器材，考虑后排学生能够清晰观察实验现象，考虑实验效果是否具有"震撼性"，且尽量减少实验中其他干扰因素。比如，电流表用专门的大的演示用电流表，楞次定律探究感应电流方向实验中将LED灯珠并联成箭头形状替代电流计来表征感应电流方向，平抛运动中用传感器来检测平抛小球和对比的自由落体小球，将观察落地和听声音转化为观察LED是否同时发光，且用拍摄视频暂停和慢放等方式来呈现实验任意位置两个小球的等时性。有些实验容易受外界因素干扰，比如，静电学部分实验会因为空气湿度大影响效果，在设计静电场实验时有必要用有机玻璃制作相对封闭的空间使其加热除湿，确保实验效果。

（五）实验中教师要注意启发引导，培养学生科学思维和科学探究能力

实验提供实验现象或过程的感性认识，学生通过观察、思考、分析归纳等思维过程来发现本质属性和规律，教师需要注意引导学生思维方向，充分发挥学生的主体作用，学生小组合作、交流讨论，通过实验培养学生学科核心素养。比如，光学部分通常采用激光笔发光靠近背景板显示光路传播方向，缺点是只能显示光路在同一平面的传播关系。怎么设计显示出立体空间光线的传播路径呢？首先教师取掉背景板，然后提问背景板"显示"光路的原理是什么？教师可以点燃香烟然后抽一口喷在光线传播路径上，激光的传播路径清晰显示，为什么呢？引导学生分析看见"光路"的原因是颗粒发生"漫反射"，那么抽烟过程中，气体进入人体颗粒能吐出来吗？由此提醒学生吸烟危害身体健康。继续追问，还有哪些办法可以显示光的传播路径，引导学生得出采用增湿器提供水雾显示光路，半封闭容器减少外部干扰。

三、演示实验教学的基本环节及模式

（一）演示实验教学的基本环节

演示实验教学分为准备阶段和教学阶段

1. 实验准备阶段

演示实验准备阶段主要包括三个部分：实验器材和方案选择、实验理论知识准备、实验预做。同一个知识点的演示实验可能不止一个实验方案和器材，教师要选择恰当的方案和器材。教师要准备实验相关知识：实验目的和名称、实验原理、实验步骤、实验数据处理方法、实验结论及误差处理。实验准备阶段主要在课程教学设计阶段完成，教师根据课程教学需要，结合实际器材条件（实验室资源、是否能够自制或购买等），设计实验方案，论证实验方案的可行性，再试做实验。教师要根据经验，总结出实验的操作步骤和技巧、注意事项等，并且对实验中可能出现的故障及排除办法做到心中有数。

实验准备阶段要梳理出对应的知识点、器材、操作步骤和技巧、时间安排、可能出现的故障及处理方法等。综合比较不同方案后，首先要考虑实验的趣味性、直观性、简便性和可重复性，也要评估和考虑实验所用时间、造价等多方面的成本。

2. 演示实验的开展

演示实验的教学主要是完成实验装置、原理的介绍，提示学生实验观察点、思考点，示范规范操作流程，引导学生分析推理，形成结论。这一步要示范操作过程、提示安全注意事项、培养良好习惯，培养学生科学思维、严谨的科学态度等多方面的物理学科核心素养。

为了提升演示实验效果，教师要有意识突出演示实验目的和实验现象，提示学生关注点和思考方向。学生得到实验现象后，教师要善于引导，鼓励学生发表自己的看法和观点，用科学的语言来描述实验现象和结论，从实验现象中分析出本质特征和规律。教师要正确对待演示实验中的失误，不要"弄虚作假"，出现问题师生一起查找和分析出现问题的原因，排除故障后争取再成功演示一次，如果确实不成功，要给学生说明失败原因。

（二）演示实验教学基本思路

传统的验证性演示实验以演示法和讲解法为主，教师讲解实验器材和实验原理及实验注意事项，安排学生观察任务，学生被动接受实验现象，然后根据实验现象得出实验结论。

新课标理念下的演示实验教学建议思路（如图 5-4 所示）：

图 5-4　学生主体的演示实验教学模式

核心思想：学生是课堂的主体，增加学生的课堂参与度，培养学生核心素养。

需要说明的是"教无定法"，不同类型的实验、不同的学生情况及不同的教师风格，教法都不应该千篇一律，如基本仪器类型实验可能更多地偏向讲授法。

四、演示实验常用方法

物理实验可以说是一种科学研究活动，实验中蕴含的科学思想和研究方法是对学生进行科学方法、综合能力、创新能力培养的有效途径。物理演示实验比较常用的有直接演示法、模拟演示法、对比演示法。演示实验从实验装置的角度来区分有气垫导轨法、频闪照相法、放大法、描迹法或示踪法等。实验从数据处理的角度来看，有图像法、逐差法、数字系统法等。

从物理实验本身来看，物理实验中蕴含有思维方法、数学方法、设计方法等多种维度的科学方法。演示实验中比较常用的方法有以下几种：

（一）观察归纳法

演示实验多数时候是为了创设情境进行概念或规律教学，从认知的角度来看经常采用从特殊到一般和求同比较的模式，这个时候多数会用到观察归纳法。教师通过改变实验条件多次演示，学生经过观察、思辨，归纳总结出本质特征或物理规律。比如：探究串联电路中电流特点实验，教师演示探究可以从将电流表串联到串联电路中不同位置，读出不同位置电流示数，学生找规律；教师改变电路电流再次读出电路中不同位置处电流表示数，学生通过观察、分析、归纳出串联电流处处相等的规律。

（二）对比法

在寻求事物本质特征的时候，需要做一些对比演示实验，以便于学生抽取事物的本质特征，建构知识或加深对新知识的印象和理解。通过演示对比实验，有利于凸显事物的区别和联系，突出不同与相同。在演示实验中，对比法经常与控制变量法配合使用，更加有利于总结出规律和特征。例如，电阻定律中探究金属导体的电阻与材料、长度和横截面积的定量关系时，可以采用控制变量法结合对比法进行实验探究，如比较电压相同的情况下横截面积和材料都相同的 1 米和 0.5 米金属丝中电流大小，进而分析判断出电阻与长度关系。

（三）模拟演示法

由于有些实验具有安全风险、对环境要求高、演示时间长等因素，宜采用模拟演示法。模拟演示法是指借助模型、挂图及多媒体技术模拟演示的方法，如内燃机的工作原理、天体的运行、原子核的链式反应等。恰当地运用模拟演示，可以解决抽象问题具体化的困难，提升教学效果。

（四）科学探究法

采用演示探究，配合探究式教学，甚至学生动手亲自科学探究，有利于培养学生学科核心素养。针对一些实际问题，教师启发引导，学生对实验进行观察思考，或是由学生分组讨论提出方案并设计演示实验，鼓励学生积极参与到教学中来，老师针对不同的演示实验方案进行评价总结。

五、演示实验有效教学的建议

（一）选择适合的实验进行演示

什么样的实验适合作为演示实验呢？作为课堂教学，主要考虑实验效果与实验复杂程度和耗时、成本等的综合平衡。在考虑课堂教学时间管理情况下，定性的实验、半定量的实验、测量数据较少的实验、物理量之间关系相对简单的实验、现象明显的实验是比较适合做演示实验的。

中学物理对应同一知识点的演示实验可能有很多，不是所有的实验都需要演示的。比如，初中物理"电流的热效应"实验可以选用电热水器、电热开水器、电饭锅、电热毯等生活器材，也可以选用直流电阻丝＋火柴演示的模式，条件许可的情况下也可以观察电热丝通电后发红的现象，相对而言后面两个用于演示电流的热效应效果更直观和震撼。

（二）选择恰当的实验器材进行演示实验

一般来说，演示实验使用的材料越简单，学生越熟悉，就越能快速地获得所要的实验效果。因此，恰当的实验仪器要求尽量结构简明、原理简单，操作简便，又能观察到形象、生动的实验现象。如何选择恰当的实验器材，可以从选材来源与选材原则两个方面来考虑。

1. 实验器材来源选择

实验器材来源除实验室厂制器材外，还可以考虑生产、生活中学生相对熟悉的材料进行实验演示，或者对原有实验仪器进行改装、组合。

演示实验器材来源于生活容易让学生产生一种亲近感，从而更加愿意去思考和学习。根据物理新课程"从生活走向物理，从物理走向社会"的理念，结合学生的心理特点和认知规律，可以采用如铅笔、矿泉水瓶、可乐瓶、注射器、橡皮筋等物品来设计演示实验。生活用品用于演示实验能拉近物理与学生日常生活的距离，让学生切身感受到物理与社会、物理与日常生活的联系，而且课后可以安排学生分组仿做，有利于培养学生核心素养。比如，用铅笔来演示初中物理的滑动变阻器，用矿泉水瓶来演示大气压或演示完全失重下重力效应消失现象，用注射器演示热力学实验，用橡皮筋演示弹力或力的合成，这样的操作可以极大地激发学生动手和将物理知识用于生活的欲望。

对于中学生，采用学生熟悉的玩具来进行演示实验效果也比较好，如用遥控玩具车上放磁铁来演示作用力和反作用力，用帆船模型来讲解力的分解，用飞机模型和吹风机来演示流速与压强关系。用玩具做演示实验还可以对玩具进行改装和组合，这样更加容易激发学生的学习兴趣也能培养学生的创新精神。

改进或重新组合实验室实验器材，增加演示实验新颖性或效果。部分学生在演示实验前已经预习过书本上的实验，上课时教师再照书本一成不变进行演示实验，学生会感到索然无味。如果教师能在原实验器材基础上进行改进或改造，增加趣味性、可视性，则更能引起学生的注意和兴趣，效果能够得到很大提升。

2. 演示实验器材选择原则

演示实验的器材选择要遵循简便性原则。选择的演示实验仪器尽量结构简明、操作简便、过程明了。只要演示实验的科学性强、现象明显，实验装置越简单实验效果往往越好。实验仪器结构简单，能突出要观察的物理现象和过程；直观性强，就容易突出所设计实验的原理，有利于学生认识实验原理和实验方法，还可以消除学生对实验的神秘感。另外，实验装置容易理解还可以增加学生对教师及实验的信任，而且没有了复杂的实验装置和烦琐的操作理解也有利于学生对实验的观察与思考，学生更加容易抓住事物的本质。

演示实验的效果要遵循明显性和直观性原则。一般来说，选取的演示实验器材尺寸要大，测量仪表的刻度线适当粗一些且测量灵敏度要高，便于教室内最远的学生观察清楚。比如：电学实验演示电表建议采用大的专门的演示电表而非学生用电表；光学部分实验一般采用激光器配合切割的大块玻璃或水槽进行实验，为了清晰显示光路传播采用深色背景和自制专门的实验器材。

（三）合理的设计演示实验

对于物理演示实验的设计，要将教学目的和实验目的、现象、效果结合在一起综合考量。导入演示实验的教学目的在于引起学生注意，激发学生求知欲望，因此设计的实验要新奇、发人深省。比如，"平抛运动"一节的导入可以用模拟汽车飞跃黄河演示实验来导入，激发学生学习新知识的欲望。对于建立物理概念的演示实验，实验要有利于学生抽象出事物本质属性。比如，"加速度"一节建立加速度概念可以用电动摩托车拍视频来演示，远景镜头拍摄电动摩托车加速前进，另一个镜头拍摄电动车时速表，提取视频中不同时刻的瞬时速度照片，引导学生总结速度随时间变化的观点，然后同样拍摄家用汽车加速过程的全景及时速表，同样抽取不同时刻速度，二者对比，建立速度变化快慢描述的需要，建构加速度概念。

对于物理演示实验的设计，要考虑仪器整体布局，使得整个演示过程明晰易见，便于学生观察。对于"可视性"差的演示实验，通常可采用光、电、机械等放大设备或者采用实物投影、摄像头适时投影放大来增强演示效果。演示实验仪器要"大型"化、简单化，重点突出基本结构原理，减少次要的复杂结构带来的干扰。对比实验的差异要明显，实验设计时要增强实验器材和背景之间、各个实验器材之间的对比度以突出目标。

六、演示实验教学小创新

（一）教师演示实验转为学生代表操作或者学生课堂合作分组实验

为了增加演示实验学生的信任度，或者为了提高实验效率，可以现场邀请学生代表参与一起做实验。在实验器材组数条件具备的情况下，也可以将演示实验调整为学生分组实验，培养协作和动手能力。

另外，新版中学物理教材中将很多原来的验证实验修改为探究性实验，而探究实验对学生创新能力、思维能力和解决问题的综合能力及团队协作培养方面有独到之处。因此，教学中可以将演示实验改变为探究性实验，学生动脑、动手，发挥学生主体作用，有利于学生核心素养培养和提升。

（二）借助信息技术手段，将演示实验放大或投影，增加可视性

不管是将实验仪器做大或把实验现象做得更加明显，总有部分位置学生不便于观看，特别是很多光学实验受到视角影响，这个时候可以借助实物投影、手机直播或投屏等方式，将实验实时展示到投影屏幕上。如果部分实验现象短暂，还可以演示实验同时拍摄视频然后采用慢放方式更好地呈现实验现象。比如，"平抛运动"对比实验，学生现场观察两个小球同时落地或相撞难度很大，但是慢放视频则容易控制，效果更好。需要提醒的是，由于魔术、视频剪辑等技术对学生的先入为主，学生对视频的可信度是有质疑的，能够现场做的演示就尽量不要用实验视频或模拟软件来替代。

（三）创新演示实验，增加稳定性、科学性，提升实验效率

教材部分演示实验，存在改进和创新的空间，在设计演示实验的时候可以根据实际情况进行完善或者创新。比如超重和失重演示，教材采用最简单的手提弹簧秤重物模式，在实际演示时存在的问题是上升过程中示数的确有变化，但是不方便读数，且有超重和失重之分，创新时可以换成容易观察的 LED 灯显示超重和失重，或者用连接体和拉力传感器来演示。另外，测量滑动摩擦力从图 5-5的（a）图修改为（b）图合理很多，但是实际存在的问题是弹簧秤自身有重力和长木板行程限制、不便读数，创新时可以采用铁架台和滑轮将弹簧秤改为竖直状态，然后将长木板更换位传送带，这样的创新设计材料易得并制作简单，实验效果更好。

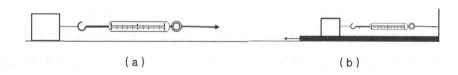

（a）　　　　　　　　　　　　　　　（b）

图 5-5 弹簧拉物体前进

演示实验创新可以极大地激发学生的动机，提升教学效果，有利于培养学生核心素养，因此中学教师在实践中不断创新，得到很多演示实验创新经典案例。比如："大气压"可以采用矿泉水瓶制作"希罗喷泉"实验演示，也可以采用矿泉水瓶和气球制作喷泉实验，能够极大的激发学生学习动机；"浮力"产生的原因演

示实验可以用去掉底部的矿泉水瓶和两个乒乓球来演示，在注水过程中一个乒乓球浮在面上，另一个被水压在矿泉水瓶口，当堵住瓶口后下面的乒乓球"噗"地上升到水面，学生一下就理解了压力差的原理了。

重视数字实验，研究数字实验对传统实验的改进方法，研究数字实验系统的教学方式。传统的演示实验结合传感器和 DIS 系统，可以很大程度提升测量精度和数据处理时间，提升课堂效率，培养学生核心素养。比如："力的合成"探究实验中采用两个拉力传感器和 DIS 系统，精准作图，可以进一步验证原来实验结论的普遍性；"测电源电动势和内电阻"实验中，采用电流和电压传感器，然后结合 DIS 系统或 Excel 软件作图，可以快速得出图像且求解出电动势和内电阻；"牛顿第三定律"演示实验中，将两个弹簧秤互拉换成拉力传感器和 DIS 作图，得出的 F-t 图像更加直观地展现作用力与反作用力变化规律；"安培力"中探究安培力大小因素时，采用力传感器、数字电流表、磁场强度测试仪、角度仪和 DIS 系统，可以用图像更为直观且定量地得出安培力的公式。

第三节　物理实验习题教学模式及案例研究

物理实验习题兼有实验和习题的特性，教学要考虑二者的融合，提升实验习题讲评效果。

一、实验习题

习题是检验学生知识掌握程度和促进学生知识内化的重要途径，因此研究如何帮助学生提升做题效率和如何评讲习题有重要意义。在教学实践中发现，部分学生做题速度特别慢，其原因有思维敏捷性、拖延、习惯、熟练度等很多因素，但是其中很重要的因素就是习题中涉及的知识点不熟悉、教师例题讲解学生是旁观模式。基于以上原因，在中学实际教学中，科学的做题模式是先复习再做题，同理习题讲评的科学模式就是一定要学生先定错教师再讲评。

（一）实验复习思路

1. 实验考查模式

实验考查主要考查学生对实验的理解和掌握程度，实验考查方式通常分为两类：一类是实验题笔试作答，另一类是实验操作考试要求现场操作和数据处理。从目前实际运行情况来看，中考物理各地基本都有实验操作考试，高中物理学业水平考试物理也有实验操作考试。笔试的实验题基本是阶段考试和诊断考试、终结性考试必考题型。

2. 实验复习

实验操作考试主要是考查学生对基本器材的操作能力和实验的基本技能，因此复习时建议首先梳理知识点和操作思路，然后现场训练。实践表明，强调再多次再到位，始终都有同学会在操作过程中出现各种错误，那么操作中出现的错误只有在操作中现场纠正效果最好。

实验复习中的笔试题复习要首先梳理逻辑关系，逐次梳理，将知识系统化，然后重点突破学生的易错点和难点。实验复习基本思路如下：

（1）明确实验目的和要求：首先要明确实验要干什么，有什么具体要求？

（2）理解实验原理：搞清楚怎样达成实验目的，如果涉及定量计算对应的计算公式是什么？

（3）由原理对应待测数据和实验器材：根据原理、公式确定需要测量哪些物理量，根据待测物理量选定对应的测量方法和测量工具。

（4）数据处理：公式法还是图像法处理数据？

（5）误差分析：误差来源于什么地方？是否有系统误差？怎样减小偶然误差？

概而言之，实验复习思路是：干什么—怎么干—要什么—怎么算—误差分析。教师指导学生按照这个思路复习实验，梳理知识考点，构建实验知识体系，然后在做题过程中检验复习成效，提升知识内化效率。

（二）实验习题特点

按照中、高考"考查知识的同时注重考查能力，并把对能力的考查放在首要位置"思想，习题从"解题"向"解决问题"转变，有利于培养学生核心素养。基于以上分析，结合实际的实验习题分析，实验习题概括起来有"重基础""综合""灵活""能力""创新"等特征。

从近几年高考试卷分析来看，高考物理实验习题具有以下特点：

（1）实验习题非常注重对基础知识、基本技能掌握情况的考查，充分体现出实验习题的基础性。

从考查内容上看，高考实验题多数以学生必做实验为基础，以考查物理规律或某个物理量的测量为载体命题。从实验思路来看，高考实验题非常重视实验过程的考查，包括仪器使用、具体操作、数据处理等。从实验类型来看，高考实验题非常重视创新性实验和探究性实验。

（2）实验习题的命题角度、内容不单一，充分体现了实验习题的综合性。

高考物理实验题尤其是第二个"大"实验，难度一般较大，综合度比较高。其综合性主要表现在：考查角度多，包括基本仪器使用、实验原理、数据处理的解析式法和图像法、实验的控制变量法和替代法等众多思想方法、误差分析，往往题目中涉及以上多个要点的考查；题目可能融合多个实验组合而成。

（3）实验习题中创新性实验增多，通过创设真实问题情境考查学生解决问题的能力，体现试题的创新性。

高考实验题注重理论联系实际，往往创设与生产生活、科技、社会联系紧密的实际情境，考查学生解决实际问题的能力，往往实验中实验器材、实验原理或数据处理等某一方面或多个方面与原有实验相比有"小"创新。从统计数据来看，多数存在"创新"的高考实验习题，主要还是对物理主干知识的考查。

（三）实验复习教学应对策略

（1）追本溯源，从源头入手，研究课程标准和教材；以史为鉴，研究高考真题；提炼实验必备知识，夯实学生"双基"。

认真研究最新版的物理课程标准对实验的要求及理念，研究不同版本教材同一实验的不同编写特点，加深对实验的理解。统计分析历年、各地高考物理实验习题，寻找不同试题中的共同特征。梳理实验的必备知识、基本能力要求点，融入实验复习教学和针对训练习题中。

（2）实验中加强理论与实际联系，以探究方式为主，启发引导学生的创新思维，培养学生核心素养。

学生必做实验应人人过手，在教材实验的基础上适当设计"问题情境"实验，通过解决实际问题来培养学生综合能力。针对学生的薄弱知识点增设演示实验深化知识的理解；引导学生课后以小组合作的方式利用身边器材完成拓展实验；定期开放物理实验室，以项目为驱动，在安全风险可控的前提下鼓励学生自主设计并开展实验研究，培养学生核心素养。

精心选编实验习题进行专题训练。从真题、模拟题中选编与生产生活实际、体育运动、前沿科技、社会热点紧密联系的"创新"实验，有效考查物理规律和学生实验能力的情境式试题组成专题对学生进行训练，培养学生从图表和图像等众多信息中提取有效信息的能力，提高通过类比、联想、等效等思想方法建立与新情境对应物理模型的科学思维，从而提升物理学科素养。

（3）做好学生错题统计分析，深入分析错因，多维度形成合力解决难点。

针对学生错题，从学生知识、能力、心理、习惯等和教师教学行为不同角度展开研究，找准原因，分析个体差异，有针对性地展开教学。对于学生的易错点需要深层次分析，有些是因为理解不到位生搬硬套，有些是因为对细节分析不到位，有些需要从规范解题步骤上去解决，总之，不同情况要有不同的应对措施。比如，实验题中有学生因为单位换算丢分，也有人因为计算数据结果要求保留几位小数还是几位有效数字丢分，这种类型的错误可以说是学生粗心，但是实际上可以从解题规范步骤和习惯上去解决。

二、实验习题教学模式

（一）实验习题讲评误区

从高考物理实验真题分析来看，物理实验习题综合性强、难度较大，对多数学生来说属于中等偏上的难度。从中学实践调研来看，比较常见的实验习题讲评误区有以下四种：

1. 从教学设计角度来看，缺失"备学生"环节

教师主要是"纠错"，不深入分析学生错误原因，没有从源头和根本上去解决问题。在教学之前，教师没有对实验习题丢分点进行统计分析，也没有提前深入了解出现典型错误的学生做题的思路和观点，因此教学时更多的是根据教师自己的理解去讲解习题，导致针对性不强。

2. 从教学模式来看，"一言堂"情况非常普遍

为了"赶进度""提升效率"，教师一讲到底的"填鸭式"教学大行其道。讲

评习题前不给时间让学生思考，讲评后也不留时间给学生消化的情况非常普遍。多数中学教师在新课教学中非常注重师生互动和留时间给学生消化，但是忘了习题教学课堂中学生依然是主体。在调研问卷过程中，很多教师将习题讲评课"一言堂"归因为"时间不够""担心讲不完"，实际上这就涉及"讲好一个题还是讲完十个题"的不同教育观点了。在中学实际中，很容易听到老师问学生"这个题我讲了很多遍了，为什么你们还在错？"，这样类似的话说出来不仅让学生有挫败感，也表现了老师的挫败感，于事无补。讲评很多遍学生依然不会做，反思教学，说明学生内化效果不好，应该从教学顶层设计上想办法。

3. 从课堂过程来看，少互动，缺激励，学生没有成功体验

实验习题对部分学生来说本身就很难，教师上课就"直接讲最重要最关键的地方"，没有梳理实验习题思路，也没有对学生可能缺失的知识进行复习弥补，不会的学生还是听不懂，昏昏欲睡。在实验习题讲评中，往往很少师生互动，基本没有学生的回答和板演，对学生缺少激励性评价。

4. 重视解题结论或经验机械的套用，忽视学生创新能力的培养

在实验习题的教学中，存在部分教师非常重视某类题的经验结论套用，学生死记硬背陈述性知识和模仿套用程序性知识。学生通过死记硬背和猜题押题对于常规性的实验习题的确有较好的收效，但是对"灵活"的创新题特别是"原始问题"学生就缺乏处理能力了。

（二）实验习题的具体教学模式

新课程理念下的中学物理实验习题教学依然应该以学生为中心，充分发挥学生的主体性和积极性，教师创设问题情境，学生在交流讨论、训练中促进解题能力形成。在实验习题教学过程中，分析、交流过程可以培养学生科学思维，数据处理过程可以培养学生严谨的科学态度，创新实验可以培养学生的创新精神和综合能力。

针对以上调研过程中发现的实验习题教学误区，结合新课标理念，构建实验习题教学建议模式如下（如图5-6所示）：

图5-6 实验习题教学模式

（1）做好前期准备。在实验习题讲评之前，教师要做好"学情分析"，掌握学生错误情况，并且对于学生的典型错误原因有清晰的调研，并就典型错误有合适的教学策略设计。学生有定错，有自我评价。

（2）实验习题讲评过程。"阅"指的是教师要给学生一点时间阅读实验习题，不要一上来就开讲。阅的时间不仅仅让学生读题，是让学生回忆当初做题的情境，也是重新去组织思路的过程。"问"指的是教师针对具体的实验习题和学生典型错误，设计具有代表性的问题，引导学生思维方向。"议"指的是教师组织学生讨论并交流分享作答，教师评价，总结。"练"指的是针对性的训练，根据学生基础情况，选择同类题或者拓展型实验习题，促进学生知识内化，培养学生核心素养。

（3）教学评估、反思。教师根据课堂学生反馈，对教学效果进行评价，针对学生个体差异设计差异化的指导策略和任务驱动。

三、实验习题教学设计案例

实验习题教学前，需要充分了解学生在做该题中遇到的困难点有哪些，解决的策略是什么，如何设计有针对性的提问，并组织学生的讨论、交流分享，及时的点评和肯定很重要。

以某市的高三联考物理实验第二题为例，实验截图如下（如图 5-7 所示）：

10.已知一热敏电阻当温度从 10℃升至 60℃时阻值从几千欧姆降至几百欧姆，某同学利用伏安法测量其阻值随温度的变化关系。所用器材：电源 E、开关 S、滑动变阻器 R（最大阻值为 20 Ω）、电压表（可视为理想电表）和毫安表（内阻约为 100 Ω）。

(1)在答题卡上所给的器材符号之间画出连线，组成测量电路图_____。

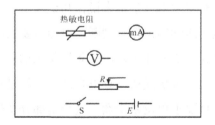

(2)实验时，将热敏电阻置于温度控制室中，记录不同温度下电压表和毫安表的示数，计算出相应的热敏电阻阻值。若某次测量中电压表和毫安表的示数分别为 5.5 V 和 3.0 mA，则此时热敏电阻的阻值为_____kΩ（保留 2 位有效数字）。实验中得到的该热敏电阻阻值 R 随温度 t 变化的曲线如图（a）所示。

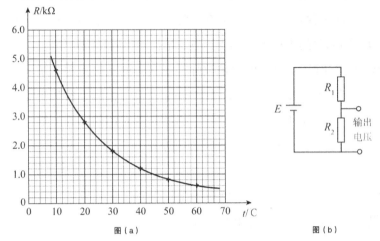

图（a）   图（b）

(3)将热敏电阻从温控室取出置于室温下，测得达到热平衡后热敏电阻的阻值为 2.2kΩ。由图（a）求得，此时室温为_____℃（保留 3 位有效数字）。

(4)利用实验中的热敏电阻可以制作温控报警器，其电路的一部分如图（b）所示。图中，E 为直流电源（电动势为 10 V，内阻可忽略）；当图中的输出电压达到或超过 6.0 V 时，便触发报警器（图中未画出）报警。若要求开始报警时环境温度为 50 ℃，则图中_____（填 "R_1" 或 "R_2"）应使用热敏电阻，另一固定电阻的阻值应为_____kΩ（保留 2 位有效数字）。

图 5-7 高三联考实验习题

（一）实验习题分析和学情分析

第一问考查电路设计能力，涉及的知识点包括：伏安法测电阻原理，内外接法选择规则，限流、分压电路选择规则。对绝大部分学生来说，知识基本上是没有问题的，难在结合题中实际情况综合运用所学知识作出判断。教师需要做的就是通过提问搭桥，引导学生思维方向，学生通过问题解决去体验成功的快乐。

第二问和第三问考查数据处理，第二问是解析式法计算电阻即可，但是对数据结果有要求——保留 2 位有效数字且题目要求单位是千欧，这个是部分学生容易遗漏犯错的。第三问是图像的应用，考查学生从图像中提取信息的能力，对数据结果要求控制在允许的误差范围，需要采用刻度尺规范操作。

第四问是创新考法，传感器在生产生活中的实际应用，是教学的难点，学生丢分较多。本问涉及的知识点是全电路欧姆定律、串联分压、电路动态分析，属于应用能力的考查。此题的难点在于学生挖掘题中信息不到位，对题目中"输出电压达到或超过 6.0 V 时，便触发报警器"解读不准确，不能挖掘出热敏电阻检测到温度高于 50℃ 是触发的原始条件，还有就是从图像中找到热敏电阻随温度变化的规律。

（二）教学思路

（1）知识准备、复习：知识准备可以安排在课前或试题讲评前和学生纠错一起进行，知识复习融入提问中完成。

（2）教学过程问题设计：以"问题串"方式复习知识的同时引导学生思维方向，学生通过解答问题达成解题目的。

第一问：伏安法测电阻的原理是怎样的，公式怎样？伏安内、外接法选择的依据是什么？内外接法选择要关注电表内阻，题目中电压表为理想电表意味着什么？如何根据滑动变阻器与待测电阻阻值关系来选择限流、分压电路？滑动变阻器阻值最大阻值 20 欧，待测电阻几百到几千欧姆，为了更好地控制电路中的电流和电压，选限流电路还是分压电路？

第二问学生基本没有问题，可以直接请一个学生起来分享求解方法即可。第三问多数学生知道从图像中去提取信息，但是一般采用肉眼直接看的方式，容易导致较大偏差，需要用刻度尺去规范操作，精准定位。教师可以先说明此类型题答案可以允许在有一定合理范围内，然后提问"怎样操作才能保证从图像中读出的参数在答案规定范围内？"

第四问是教学难点，教师可以创设问题情境、任务驱动方式去完成。首先，创设一个类似孵化房或工厂自动化设备厂房等真实的生活情境，需要控制温度不能高于 50℃。其次，提问引导思维方向："从坐标纸图像中来看，热敏电阻的阻值随温度的升高是怎样变化的？""图 b 中两个电阻是什么连接？""当热敏电阻检测到温度升高，电阻减小，其所分得的电压会如何变化？""在总电压一定的情况，要检测到电压大于等于 6 V，则作为检测信号输出的 R_2 电阻是热敏电阻还是定值电阻，为什么？""温度 50℃ 时热敏电阻阻值是多少？""根据串联分压特点，总电压 10 V 的情况下，多大电阻与热敏电阻串联可以分 6 V，解析式怎样写？"

预案 2：创新实验也可以采用科学探究的方式去完成。教师准备器材，现场演示探究，根据题目条件，开展演示探究，呈现现象，培养学生科学探究和科学思维能力、创新能力。条件具备的学校，也可以将几个相关实验汇总，组织一个专门的课堂进行学生分组实验探究，培养学生学科核心素养。

第四节　物理分组实验教学模式及案例研究

一、物理分组实验教学一般模式

（一）学生必做实验

《义务教育物理课程标准（2022 年版）》规定了初中物理实验类型为测量类学生必做实验和探究类学生必做实验，其中测量类必做实验 9 个，探究类必做实验 12 个。

《普通高中物理课程标准（2017 年版 2020 年修订）》规定《物理必修第一册》必做实验 4 个，《物理必修第二册》必做实验 3 个，《物理必修第三册》必做实验 5 个，《物理选择性必修第一册》必做实验 4 个，《物理选择性必修第二册》必做实验 3 个，《物理选择性必修第三册》必做实验 2 个，合计学生必做实验 21 个。高中物理学生必做实验主要为测量类实验、探究类实验、验证类实验，还包括观察类实验（观察电容器的充放电现象）、制作类实验（利用传感器制作简单的自动控制装置）。

（二）学生分组实验教学模式

不同类型的学生必做实验教学存在差异性，教学模式也有所不同。物理课程标准对学生分组实验要求描述为"充分利用已有实验器材，努力开发适合本校实际情况的资源，尽可能让学生自己动手多做实验"。

1. 测量类实验

初中测量类实验主要为基本仪器的使用类型，如用托盘天平测量物体的质量、用常见温度计测量温度、用电流表测量电流等。

高中物理的测量类实验不仅包括实验仪器的使用还包括实验方法的使用，如测量做直线运动物体的瞬时速度、测量金属丝的电阻率、测量电源的电动势和内阻等。

测量类实验对于基本仪器的操作属于技能训练模式，建议模式为"观察—思考（问题）—示范—尝试—交流"。学生观察仪器结构，思考器材测量原理及操作步骤，教师示范操作流程，学生尝试操作，总结交流操作心得，最终形成操作技能。对于高中物理的测量类实验除实验仪器的使用外，还存在实验方法和数据处理等问题，教师要布置课前预习的模式处理，课中提问讨论总结。

2. 验证类实验

为了增强学生的探究能力，新课标将部分验证类实验改为了探究类实验。高中物理学生必做实验中验证类实验有"验证机械能守恒定律"和"验证动量守恒定律"。

验证性实验一般安排在教学内容之后，学生用实验对规律进行验证。根据教材安排，学生已经学习了物理规律的理论推证，实验要解决的是怎样验证、数据处理、验证结果。验证类实验从实验角度来看，主要是为了培养学生的实验操作技能和数据处理等技能。因此，验证类实验分为准备、操作、总结三个阶段，根据实验一般模式"实验目的—实验原理—实验器材—实验步骤—数据处理—误差分析"，结合验证性实验特点，传统的教学模式一般为"告诉—验证—应用"，具体为教师讲解实验目的、实验原理、示范演示、提醒注意事项，学生动手操作，教师巡视指导，数据处理、交流总结。结合新课标"学生中心"和"学生动手"思想，结合中学教学实际情况统计，建议在正式开始前留时间让学生带着问题去预习，然后将实验验证原理转化为一个一个的问题串，增加学生的参与度，让"按部就班"的实验"活"起来。

3. 探究类实验

为了培养学生科学探究的核心素养，新的课程标准增加了探究类实验个数。从教材编写来看，很多学生探究类实验放在教学进程中，配合教学推进，比如"探究两个互成角度的力的合成规律"等。因此，相对简单的探究类学生必做实验可以放在教室中分组完成，配合新课教学进行，复杂的探究类实验放在实验室中完成。

探究类实验教学要结合科学探究步骤进行：教师要创设真实的情境，提出问题；引导学生猜想和假设，制订计划、方案；交流与合作。

二、物理分组实验教学案例

测量电源的电动势和内阻。

（一）教学设计思路

1. 学情分析

学生学习本节内容之前已经掌握与本节相关的重要物理概念和原理，如电源电动势和内阻、闭合电路的欧姆定律、变阻箱的使用方法、电路连接方法、伏安法等，为学生完成此实验的探究奠定了良好的知识基础。高二阶段的学生已有一定的实验方案设计能力和分析处理数据的能力，能较好地根据实验仪器讨论交流得到实验方案，根据实验数据绘制和处理 U-I 图像。高中阶段的学生已具备良好的逻辑思维能力，能进行科学推理和探究。

实验过程中的实验数据的处理和误差分析是学生学习的难点，对学生的物理思维和学习能力要求较高。首先要求学生有"电压表和电流表存在内阻影响"的观念，其次要有较好的数学公式推导和图像处理能力。

2. 教材分析

测量电源电动势和内阻实验为高中学生必做的电学实验之一，《普通高中物理课程标准（2017 年版 2022 年修订）》对本节内容提出重要要求，要求培养学生学会制订实验方案，能选用实验器材进行实验，获取实验数据；会用图像处理实验数据，能根据图像获得结论；能分析实验中存在的误差，并能提出减小误差的方法和撰写实验报告。

测量电源电动势和内阻实验在恒定电流章节中占有重要的地位，是"恒定电流"所学基本公式和规律的综合应用，也是与社会生产生活联系的桥梁，可以培养学生严谨的科学态度，其中伏阻法、安阻法及图像法处理数据有利于培养学生创造性思维，提升学生物理学科核心素养。

3. 教学设计思路

教学设计整体流程为传统的实验探究流程，首先以简单的教师演示实验（接入新旧电池时，灯泡亮度的不同的实验现象）引入课题，在激发学生学习兴趣的同时，提出问题：怎样去测量旧电池的电动势和内阻？带领学生复习回顾闭合电路欧姆定律的相关知识，帮助学生理解此实验的原理和奠定知识基础。其次，让学生利用已有的实验器材进行电路的设计，并对实验的方案进行优化处理。再次，让学生确定所设计电路图的实验原理表达式和所要测定的物理量，并让学生分组完成实验的探究。从次，教师带领学生对得到的实验数据进行处理并得到实验结论，这也是本节内容学生学习的难点，因此采用的是"小步子"原则进行教学。最后是对实验过程中的误差进行分析，意在于培养学生严谨的科学探究态度。除此之外，也对此实验进行了拓展和创新，帮助学生去理解课本知识与实际生产生活之间的联系。

（二）教学目标

1. 物理观念

通过实验进一步理解电源电动势、内阻的概念和闭合电路欧姆定律内容。

2. 科学思维

体会模型构建、科学分析、科学论证的过程，培养创新能力。

3. 科学探究

经历提出物理问题、设计实验方案和分析归纳实验结论的过程，培养科学探究能力。

4. 科学态度与责任

培养学生实验过程中严谨认真的科学探究态度，体会物理与生活、社会发展之间的关系。

三、教学重点

（1）教学重点：测量电源电动势和内阻的实验。
（2）教学难点：测量电源电动势和内阻实验的数据处理和误差分析。

四、教学方法

（1）教法：启发引导法，直观演示法，讲授法，讨论法。
（2）学法：分组实验法，讨论交流法，合作探究法，自主学习法。

五、教学准备

（1）教学器材：计算机、刻度尺、实验报告纸、小灯泡、变阻箱、新旧干电池、开关、若干导线、电压表、电流表、投影仪、PPT。

（2）课时安排：1课时。

六、教学流程图

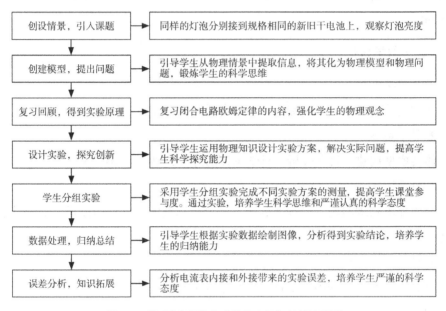

图 5-8 "测量电源的电动势和内阻"教学流程图

七、教学过程

（一）导入

师：同学们！老师这里准备了一些电学元件，一节新的干电池和一节旧的干电池（电池规格相同）、若干导线、两只同样规格的小灯泡、开关，老师先连接两个串联电路，连接方式如同多媒体上所展示的电路图，我需要两位同学帮助老师完成电路图的连接，谁来（如图 5-9 所示）？

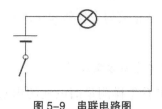

图 5-9　串联电路图

（学生甲和乙参与电路的连接）

师：好的，谢谢两位同学。现在老师闭合这两个分别由新旧电池做电源的电路，同学们注意观察小灯泡。

生：使用新电池作为电源的小灯泡亮度更亮。

师：好，同学们觉得可能是什么原因造成旧电池所接电路中灯泡的亮度更暗？

生甲：可能是由于旧电池长期使用，其内阻比新电池更大，因此旧电池所接电路中小灯泡两端的电压更小，同时灯泡的亮度更暗。

生乙：也是由于电池的长期使用，旧电池的电源电动势比新电池的电源电动势更小。

师：好的，同学们的猜想都很不错，那么我们就来测量一下长期使用的旧电池的内阻和电动势为多大，会发生什么变化。

设计意图：采用教师演示实验引入课题，激发学生学习的兴趣和求知欲。

（二）新课教学

1. 复习回顾

师：在测量之前，我们先来回顾前面所学过的几个重要的知识点。什么是闭合电路的欧姆定律？闭合电路的欧姆定律的表达式为？

生：闭合电路的电流跟电源的电动势呈正比，跟内、外电路的电阻之和呈反比。表达式为：电源电动势 $E = U_外 + U_内$。

师：内电路和外电路分别指的是电路中的哪些结构？

生：内电路指的是电源内部，外电路指的是电路中的导线、用电器。

师：好的，很不错。表达式中的 $U_外$ 和 $U_内$ 分别指的是什么？

生：$U_外$ 指的是外电路上总的电势降落，也叫作路端电压，$U_内$ 是内电路的电势降落。

【设计意图】回顾闭合电路欧姆定律的知识,为学生完成实验设计奠定知识基础。

2.测量电源电动势和内阻实验方案设计

师:好的,我们继续来看怎样测量旧电池的内阻和电动势。老师在各位同学的实验桌上都放置了若干导线、规格相同的滑动变阻器(25Ω,1A)、电压表、电流表和变阻箱、开关及一节旧的干电池。请同学们根据提供的电学元件,思考可以设计怎样的电路来测量旧电池的内阻和电动势?

师:同学们,请根据座位的编排情况,六位同学组成一个小组,共分成六个小组,每个组自行确定一名组长,先讨论确定本组实验会采用的电路图。

(学生分组讨论实验电路图)

师:请每组的组长来分享你们组所设计的实验电路图(如图5-10~5-13所示)。

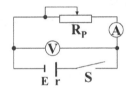
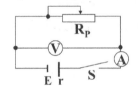

图5-10　实验电路图(甲)　　图5-11　实验电路图(乙)

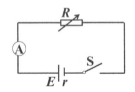
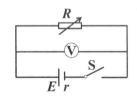

图5-12　实验电路图(丙)　　图5-13　实验电路图(丁)

师:请同学们根据你们所设计的电路图,结合闭合电路欧姆定律的知识,确定你们实验原理的关系式分别为?

生:实验电路图(甲)和(乙)的实验原理关系式为:电源电动势 $E = U + Ir$;实验电路图(丙)的实验原理关系式为 $E = Ir + IR$;实验电路图(丁)的实验原理关系式为 $E = U + \dfrac{U}{R}r$。

师：细心的同学可以发现电路图（甲）和（乙）的实验原理表达式相同，电路图的连接方式只有微小差别，我们把甲图中电流表接到电压表并联电路段的方式称为安培表内接法，把乙图中未把电流表接到电压表并联电路段的方式称为安培表外接法。

设计意图：让学生完成对实验电路的设计，既体现了以学生为中心的教学思想，也利于培养学生的科学思维。小组讨论交流容易带动学生主动参与课堂，对实验进行科学分析和创新。

3. 学生分组实验

师：好的，很好。请各组同学根据关系式确定你们所要测量的物理量，并做好实验记录，至少完成五次实验数据的测量，由小组成员合作完成，可以选择两名同学连接电路、两名同学进行实验操作和另两名同学负责记录实验数据，并且完成实验报告纸。

教师活动：教师 PPT 投影出实验步骤。

（1）按实验电路图接线；

（2）改变滑动变阻器或变阻箱阻值，测量至少五组 U-I 值；

（3）以 I 为横轴，U 为纵轴，适当选取起始刻度，但最好选择 $I = 0$，描点；

（4）画出尽量通过各点的直线；

（5）根据图像，尝试求出旧电池电动势和内阻。

学生活动：学生分组完成实验。

教师活动：教师在教室环视监督，并给有需要的组别进行指导。

师：好的，非常好，看到大家都已完成实验并在实验报告上绘制了实验图像，选取四组同学的实验数据，应用电脑软件 Excel 进行绘图，实验图像见 PPT 中所展示结果，请同学们仔细观察图像的特点。

第一组：

实验数据：

电流 I /A	0.1	0.2	0.3	0.4	0.5
电压 U /V	1.1	1.0	0.9	0.8	0.7

实验图像（如图 5-14 所示）：

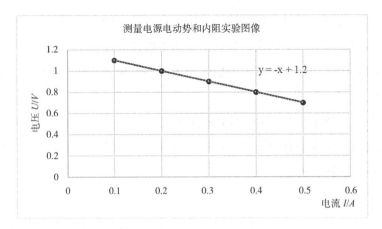

图 5-14 测量电源电动势和内阻实验图像（1）

第二组：

实验数据：

电流 I/A	0.05	0.1	0.15	0.2	0.25
电压 U/V	1.15	1.1	1.05	1.0	0.95

实验图像（如图 5-15 所示）：

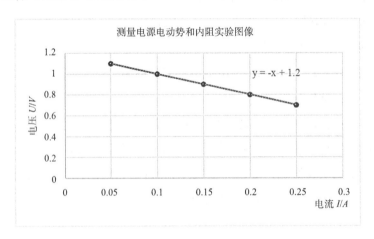

图 5-15 测量电源电动势和内阻实验图像（2）

第三组：

实验数据：

电流 I/A	0.1	0.2	0.3	0.4	0.5
电阻 R/Ω	11	5.0	3.0	2.0	1.4

实验图像（如图 5-16 所示）：

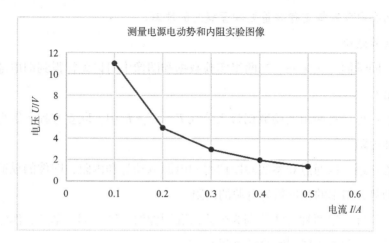

图 5-16 测量电源电动势和内阻实验图像（3）

第四组：

实验数据：

电压 U/V	1.1	1.0	0.9	0.8	0.7
电阻 R/Ω	11	5	3	2	1.4

实验图像（如图 5-17 所示）：

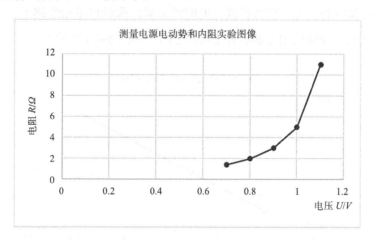

图 5-17 测量电源电动势和内阻实验图像（4）

设计意图：学生分组完成不同电路图下的测量电源电动势和内阻的实验，能较好地提高课堂效率，并且学生分组实验的方法贴合课标中要求培养学生科学探究所需的相关能力，同时学生在参与实验的过程中能加大对学过的电源电动势、内阻、闭合电路欧姆定律等重要物理概念的理解。

4. 实验结论

师：同学们，从第一、二两组实验数据和图像中可以怎样得到旧电池的电动势和内阻？

生甲：可以将两组实验数据带入公式 $E = U + Ir$ 中，联立方程求解得到电源电动势和内阻。

生乙：还可以通过观察实验图像得到电源电动势和内阻，图像的纵截距为电源的电动势，斜率的相反数为电源的内阻。

师：很好，这两种方法分别为公式法和图像法。同学们，第三、四组实验是否能通过这两种方法得到实验结果呢？

生：第三、四组实验，可以通过代入两组实验数据到公式中，联立方程求解得到电源电动势和内阻，无法直接从图像上观察得到实验结果。

师：好的，为了能使第三、四组实验的实验结果也能直接在图像中观察得到，我们将实验数据记录为 $\dfrac{1}{I}$ 和 R，第三组实验原理表达式则可转化为 $R = \dfrac{1}{I}E - r$，也可看作是简单的二元一次方程式，此时的实验图像就可重新绘制了。

教师活动：教师使用电脑软件 Excel 绘图（如图 5-18 所示）。

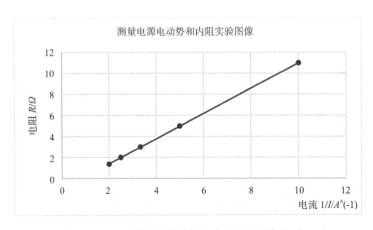

图 5-18 测量电源电动势和内阻实验图像（5）

师：现在同学们是否能直接从图像上得到电源电动势和内阻的大小呢？第四

组实验的实验原理表达式又可以转化为？

生：图像纵截距的相反数为电源内阻大小，斜率为电源电动势大小。第四组实验的实验原理表达式可转化为 $\frac{1}{U} = \frac{r}{E}\frac{1}{R} + \frac{1}{E}$。

师：好的，同学们我们此时的实验数据应该怎样记录？又怎样从图像上得到实验结果？

生：记录 $\frac{1}{U}$ 和 $\frac{1}{R}$ 的实验数据，图像的斜率为 $\frac{r}{E}$ 的大小，纵截距为 $\frac{1}{E}$ 的大小，联立方程可解得电源电动势和内阻的大小。

师：好的，我们简单总结四种测量电源电动势和内阻的方法和图像特征。

总结：

（1）安培表内接法，$E = U + Ir$，图像纵截距为电源电动势，斜率的相反数为内阻；

（2）安培表外接法，$E = U + Ir$，图像纵截距为电源电动势，斜率的相反数为内阻；

（3）安阻法，$R = \frac{1}{I}E - r$，纵截距的相反数为电源内阻，斜率为电源电动势；

（4）伏阻法，$\frac{1}{U} = \frac{r}{E}\frac{1}{R} + \frac{1}{E}$，图像的斜率为 $\frac{r}{E}$，纵截距为 $\frac{1}{E}$；

设计意图：教师引导学生观察实验结果得到实验结论，采用"小步子"原则，通过师生间的一问一答，帮助学生透彻理解怎样采用公式法和图像法得到实验结论。

5. 实验误差分析

师：同学们，其实在使用图甲和图乙的电路图来进行实验时，会引入一定的误差，我们现在就来分析其误差的来源，以及对实验结果的影响是怎样的。

师：通过前面的学习，同学们已经知道电压表和电流表也存在一定的内阻，那一般是电压表的内阻更大，还是电流表的内阻更大？

生：电流表的内阻一般很小，为 0.01~1 Ω，电压表的内阻很大，为 2 000~1 000 Ω。

师：若我们此时不忽略电压表和电流表内阻对实验结果的影响，并假设电压表的内阻为 r_v，电流表的内阻为 r_A。那么，前面四种方法的实验原理表达式应改写为？

生：分别为 $U = E - (I + \dfrac{U}{r_v})r$，$\quad U = E - I(r + r_A)$，$\quad E = I(R + r_A) + Ir$，

$E = U + \dfrac{U(R + r_v)}{Rr_v}r$。

师：好的，非常不错，那么分别将其化为二元一次方程的标准表达式应分别为？

生：$U = \dfrac{r_v}{r_v + R}E - \dfrac{Rr_v}{R + r_v}I$，$\quad U = -I(r + r_A) + E$，$\quad \dfrac{1}{I} = \dfrac{1}{E}R + \dfrac{r}{E} + \dfrac{r_A}{E}$，

$\dfrac{1}{U} = \dfrac{r}{ER} + \dfrac{1}{E} + \dfrac{r}{Er_v}$。

师：将标准表达式同之前的实验结论对比，电源电动势的真实值 $E_真$ 与测量值 $E_测$ 之间，满足怎样的大小关系？同样电源内阻的真实值 $r_真$ 与测量值 $r_测$ 之间又满足怎样的大小关系？

生：1. $E_真 > E_测$，$r_真 > r_测$；2. $E_真 = E_测$，$r_真 < r_测$；3. $E_真 = E_测$，$r_真 < r_测$；4. $E_真 > E_测$，$r_真 > r_测$。

师：好的，从误差分析的结果来看，电路图（甲）和电路图（丁）为等效电路图，这两个电路图适合测量小内阻的电源。电路图（乙）和电路图（丙）为等效电路图，适合测量大内阻的电源，因此同学们选用哪个方法测量电源的电动势和内阻，需要进行一定的判断和估算。

设计意图：利用学生已有的对电压表和电流表存在一定内阻知识的认识，再通过对解析式推导的方法，既符合学生的认知习惯，也帮助学生认识到实验过程中的误差，便于培养学生严谨认真的科学探究态度和精神。

6. 实验创新

师：同学们，对于安培表外接的实验中，我们为了保护电流表的安全，可以考虑加保护电阻，电路图如老师 PPT 上所展示的图 5-19。对于安培表内接的实

验中，若电压表的量程不够大，我们同样可以考虑加入保护电阻或改装电压表的量程。电压表的改装后的电路图如老师 PPT 上所展示的图 5–20。

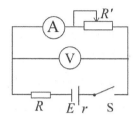 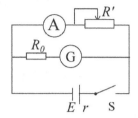

图 5–19　加保护电阻后的电路图（1）　　　图 5–20　电压表改装后的电路图（2）

师：加入保护电阻后，对实验结果会带来什么影响？电源内阻大小应怎样计算？

生：图像斜率的相反数为电源内阻和保护电阻之和，假设保护电阻阻值为 R，电源内阻为 $r=-k-R$。

师：同样电压表改装后，假设表头的内阻为 R_g，加入的电阻为 R_0，那么实验原理的表达式应改写为？

生：$E = I_1(R_0 + R_g) + I_2 r$。

师：好的，不错。这节课所需要完成的习题中涉及了电表改装的知识，请同学们自行复习，确保高效完成习题。

设计意图：对实验进行拓展创新，可培养学生的实验创新能力，学习怎样去解决实际问题，同时这也是建立课本知识与实际生产生活间联系的重要桥梁，帮助培养学生的科学态度和责任。

八、作业布置

完成习题册上采用不同方法来测量电源电动势和内阻的实验题。

九、板书设计

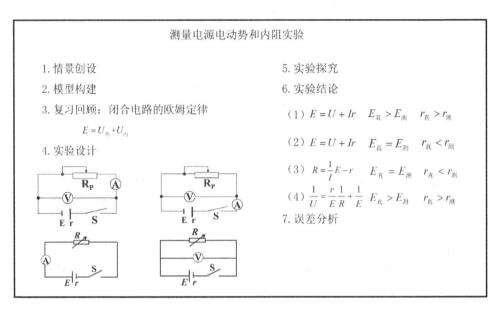

测量电源电动势和内阻实验

1. 情景创设
2. 模型构建
3. 复习回顾：闭合电路的欧姆定律
   $$E = U_{\text{外}} + U_{\text{内}}$$
4. 实验设计

5. 实验探究
6. 实验结论

（1）$E = U + Ir$　$E_{\text{真}} > E_{\text{测}}$　$r_{\text{真}} > r_{\text{测}}$

（2）$E = U + Ir$　$E_{\text{真}} = E_{\text{测}}$　$r_{\text{真}} < r_{\text{测}}$

（3）$R = \dfrac{1}{I}E - r$　$E_{\text{真}} = E_{\text{测}}$　$r_{\text{真}} < r_{\text{测}}$

（4）$\dfrac{1}{U} = \dfrac{r}{E} \dfrac{I}{R} + \dfrac{1}{E}$　$E_{\text{真}} > E_{\text{测}}$　$r_{\text{真}} > r_{\text{测}}$

7. 误差分析

图 5-21 "测量电源电动势和内阻实验"板书设计

十、教学反思

本节内容对学生的实验操作能力要求很高，从实验的学习价值、原理分析，从电路设计到动手操作，从对实验数据进行处理到得出结论、进行误差分析，都体现了物理作为一门以实验为基础的学科其理性思维的魅力所在。同时，教学过程中师生交流、生生交流地教学模式也占据重要的地位。

整体教学采用的是传统的实验探究流程，教学亮点在于由学生设计实验电路图、方案和学生分组完成实验的探究，体现了学生中心的教学思想，充分挖掘学生的学习潜能。从实际教学效果来看，学生在对实验方案进行设计时，不同的小组成员会有不同的实验方案，在组织学生优化实验方案的过程中，可以很好地锻炼学生的科学探究能力。

在对实验数据进行处理时，教师采用现代教育技术对实验结果进行快速分析，减少了无效课堂时间比重，大大提高了课堂教学效率。

第六章　习题教学研究

学科核心素养培养，课堂是主阵地。习题教学是课堂教学中的重要组成，对物理学科核心素养培养起着重要作用。通过习题可以反馈学生对知识的掌握程度，也可以促进学生知识内化。本章介绍了物理习题作用和类型，从理论和实践角度提出习题教学的原则，分别就选择题和计算题习题教学进行研究，并着力于此过程中学生核心素养的培养。

第一节　中学物理习题作用和类型

一、中学物理习题

（一）物理习题

物理习题指在中学物理教学中，为了深入理解和巩固、应用物理知识，培养和发展学生物理学科核心素养，而设置的例题、课堂练习、课后作业、测试题、课外实践、课题研究等都称之为物理习题。习题是知识运用的主要方式，习题教学是物理课堂教学的重要组成。

（二）物理习题教学改革

在新课程改革的背景下，物理教学关注学习情境创设、学生主体作用发挥，关注学生物理学科核心素养的形成和发展。习题设计应该遵循"考查知识的同时注重考查能力，并把对能力的考查放在首要位置"思想，习题应该从"解题"向"解决问题"转变，同时关注对学生核心素养培养。

2021 年 7 月 24 日，中共中央办公厅、国务院办公厅出台了《关于进一步减轻义务教育阶段学生作业负担和校外培训负担的意见》文件，俗称"双减"政策。

"双减"政策出台后，物理习题及习题教学往往被看成了义务教育阶段学校教学的高压线，习题多了与减负不符，习题少了又不能有效地完成教学任务。如何在新课程和"双减"模式下有效地布置习题和开展习题教学是物理教学面临的一个新挑战。

（三）物理习题在教学中的作用

教师可以通过物理习题反馈学生对知识的理解和掌握情况；物理习题能够促进学生知识的理解和内化，促进学生能力的形成，培养学生物理学科核心素养。

1. 物理习题能够帮助学生形成和发展物理观念

"物理观念"主要指高中物理中重要的观点、概念、规律，主要包括物质观、运动观、能量观和相互作用观等，侧重知识与技能方面。习题解答过程中，学生通过对问题的思考和解决过程，进一步认识物理概念和物理规律。物理习题中有很多取材于生产、生活情境的试题，都非常有利于培养学生的物理观念。在教学过程中，教师可以通过信息提取、抽象建模、分析推理、选择适用规律解题的过程来培养学生从物理学角度看生活看世界，逐步形成物理观念。

2. 物理习题能够培养学生科学思维

"科学思维"主要包括物理模型、科学推理、证据意识和质疑创新。物理习题中绝大多数题目求解包括科学思维，因为从高考考试的角度来看，考试题目多数属于"能""会""应用"层次的 III 级要求。多数习题中需要构建物理模型，绝大多数习题需要科学推理，题后反思、讨论有利于培养学生质疑创新。学生在教师的解题示范下，潜移默化地养成正确的思维习惯，学会科学方法，提升科学思维能力。

3. 物理习题能够促进学生科学探究能力发展

"科学探究"在习题教学中主要是针对开放性问题或者实验题，一些比较难的计算题也可以采用探究方式尝试求解从而培养学生解题能力。科学探究主要包括问题、证据、解释和交流，因此也可以用于一题多变或者一题多解。

"科学探究"作为物理学科核心素养之一，要求学生不仅在课堂上，还包括在课外进一步巩固在不同情境中提出可探究的物理问题、合理猜测和假设，进而得出证据、分析和归纳、分享和交流。学生将习题中部分难题通过实验或理论探究、解释和交流探究结果，培养学生分析论证和合作交流能力。

4.物理习题有助于学生科学态度和责任的形成

"科学态度与责任"主要指对待科学的态度与价值观，主要包括：科学本质、科学态度、社会责任和STSE（科学、技术、社会、环境）。

物理习题中有很多社会热点、科技等相关题目，如运动学的交通安全、力学的物体平衡、复合场中的科学仪器等，教师都可以不失时机地对学生进行了一次人文教育，体会物理对社会发展进步、国家富强的重要作用，增强学生的社会责任感。另外，习题教学中的细节分析和"形同质异"题型也可以很好地培养学生的科学态度。课堂中的口头物理习题也可以培养学生科学态度与责任，如"摩擦力"一节可以提问"如果摩擦力突然消失，周围的情境将发生哪些变化"，这种以学生熟悉的生活情境为问题情境的习题，可以体会物理对生产生活的重大作用，在一定程度上增强了学生的社会责任感，培养学生"科学态度与责任"。

科学态度和责任的理解可以对标三维目标中的"情感态度和价值观"，也可以说是大教育观的"学科教育"，习题中的细节严谨，信息题中的社会背景均可以很好地开展学科教育。

二、中学物理习题类型

根据课堂教学、知识内容、命题形式、习题答案等不同维度，物理习题可以有不同的分类。

（一）按照课堂教学分类

根据课堂教学课内、课外来分类，可以分为课内习题：口头回答练习、课堂例题、课堂练习。课后：课后作业、课外拓展性练习等。

（二）按照知识内容分类

根据物理学"力、热、光、电、原"不同模块分类，物理习题可以分为力学题、热学题、电路题、电磁学题、光学题、原子物理试题等。这种类型习题以章节或模块编写，有利于相对应知识的针对练习，不足之处在于综合性可能不够，不利于学生发散思维、综合能力形成。

（三）按照命题形式分类

根据命题形式不同，物理习题主要有选择题、实验题、计算题，也有填空题、判断题、问答题、证明题、作图题等。

（四）按照习题答案分类

根据习题答案是否固定分类，可以分为答案固定格式或形式的客观性习题和主观性习题。也可以根据习题答案是否单一分类，分为开放性习题、单一性习题。

另外，也可以从习题作用来分类，如单元练习、阶段练习、综合复习题、中考题、高考题、学业水平题等

第二节　中学物理习题教学

一、中学物理习题教学的理论基础

（一）物理习题教学

物理习题教学指以解答物理习题为主要形式的教学活动，不仅仅指专门的习题课，也包括例题讲解、随堂练习、课外练习、考试题讲解等。物理习题教学的主要目的是巩固、深化、活化物理概念、规律，培养学生运用所学知识分析和解决问题的正确思路和方法，从而达成培养学生物理学科核心素养的目的。

（二）物理习题教学理论研究

1.学生求解物理习题中遇到的困难

很多学生感觉物理难学，主要就是难在运用物理知识解决问题上。学生通常表现为"能听懂，但不会做题"或"一看就会，一做就错"，学生在习题中不断经历挫败，物理学的"美"荡然无存，学物理的兴趣、信心逐渐减退甚至消失。怎样让学生学会解题，学会解决问题，在习题中体会成就感和获得感，是习题教学要解决的重要问题。

2. 学生解题模式

从学生解答物理习题选择解题途径的角度来看，学生解题主要有三种模式：模仿式解题、尝试式解题、发现式解题。学生在解题中，通常先经历模仿式解题，再经历尝试式解题，最后达到发现式解题。从学生解题过程来看习题教学，习题教学在例题之后应该安排类似题目让学生简单模仿，成功以后引导学生尝试式解题，学生思维得到锻炼后才能体会解题方法，达成发现式解题。

3. 物理习题求解的过程

习题求解过程实质就是问题解决过程，培养学生解题能力就是要培养学生"解决问题"的能力。认知心理学家安德森对于问题解决给出了多数人认同的解释：问题解决的程序就是应用一定的操作使问题从初始状态经过一步步的中间状态，最后达到目标状态的过程。问题解决有三个特征：①目的性，问题解决具有明确的目的；②操作序列，问题解决包括一系列的心理操作过程；③认知操作，问题解决活动依赖于认知操作来实现。

4. 物理习题教学模式

物理习题教学效率不高主要原因是教师没有理解和处理好"教"和"学"的关系。传统教学思想对习题教学的影响很大，习题教学中过分地强调了教师的"教"而忽视了学生的"学"，最终形成习题教学教师"一言堂"的状况。

基于问题解决的习题教学应该把学习置于复杂的有意义的问题情境中，通过学习者合作解决问题，学习问题背后的科学知识，形成解决问题的技能。基于问题解决的习题教学的一般过程是，①阅，阅读题目，构建具体的问题情境，②问，教师提出引导性的问题，复习旧知，引导思维方向，③议，学生开展讨论，寻求解决问题的途径，④享，学生交流分享，教师评价，⑤练，针对训练和拓展性练习（如图 6-1 所示）。

图 6-1 习题教学基本环节

将基于问题解决的习题教学"阅—问—议—享—练"模式，具体到求解物理动力学问题时，大概教学思路如下（如图 6-2 所示）：

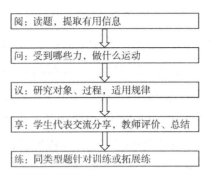

图 6-2　动力学问题教学基本思路

将基于问题解决模式的习题教学一般模式"阅—问—议—享—练"具体用于不同板块、不同题型，需要稍微调整和改变，但是基本思路大体相同，核心思想是学生主动去解决问题，教师的任务是给学生搭台、启发引导，引导学生思维方向，学生经历问题解决过程，形成解决问题的能力，培养学生学科核心素养。

二、中学物理习题教学原则

物理习题作为物理教学的重要组成，应该贯穿物理教学的一般原则，如科学性、艺术性、理论联系实际等，教学设计中必须以学生发展为本。从习题设计和选择上看，习题要精心选择，搭配目标明确、难度适中的习题，既有经典题型、经典模型，也有基础题和中档题及少量的提升训练题，满足不同层次学生需要，条件许可情况下可以分层分小组布置作业。

（一）紧密配合物理概念、规律教学，培养学生物理观念

习题可以促进知识的进一步理解和内化，物理习题教学是巩固概念、掌握规律的重要环节。因此，物理习题教学要服务于物理概念、规律教学及实验教学，与新课教学、复习课教学等紧密配合完成教学任务，学生在运用物理知识"解决问题"过程中学会从物理学的视角看世界，逐步形成并发展物理观念。

要通过物理习题更好地 3 培养学生物理观念，首先物理习题创设的情境要尽量取材于生产、生活实际，其次在使用物理知识求解具体问题过程中不断构建和融合物理知识体系，逐步形成从物理学角度解决问题的习惯和思维模式。

（二）培养学生解题思路、方法和发展思维，培养学生科学思维

在习题教学中，要以发展学生的思维为导向，通过不断加强对解题思路、方法、技巧的归纳和总结，努力提高学生解决问题的能力。在习题教学过程中，首先要培养学生的求同思维，引导学生分析归纳同一类型题求解的基本思路、技巧；其次要培养学生的发散思维，引导学生一题多解、一题多变；最后，通过"形同质异"题型等方式培养学生的质疑创新。

（三）发展自主解决问题能力，培养学生探究能力

根据新课改理念教学要"发展学生自主学习能力，能运用物理知识和科学探究解决问题"，习题教学是培养学生灵活自主解决问题的主要途径。

根据新课标和新课改理念，物理教材编写非常注重与生产、生活联系，注重与科技发展联系。因此，物理习题很多都取材于生产、生活情境，甚至部分物理习题出现了来源于实际生活的"原始问题"。此类"原始问题"基本属于"结构不良问题"，涉及的知识多，条件复杂，抽象建模困难，甚至没有唯一的标准答案。

在中学调研、实践过程中发现，部分学生求解物理习题的思维模式是读题后在头脑中"搜索"老师讲过的例题，然后套用解题公式，甚至直接套用经验性结论求解；另一部分同学的思维模式是模仿教师的解题过程或构建了自己的解题思路，根据题目的文字叙述，转化为具体的物理情境，构建物理模型，提取相关已知条件，选择适用规律相关公式求解。从学生解题思维差异来看，前者生搬硬套，后者灵活应用，二者的差异主要在于习题教学是否让学生"自主"探究求解，学生经历自主探究后解决问题时基本能做到"灵活应用"。

培养学生自主解决问题能力，首先教师要示范分析和处理问题的方法和思路，然后让学生在探究问题解决中掌握解决问题的方法；其次，讨论、交流、分享有助于学生形成解决问题经验和能力；最后，可以让学生编制习题等方式发挥学生的主体作用，此过程中培养学生收集整理资源、联系生产生活实际、创新思维等多种能力。

（四）过程渗透方法，体现时代性，培养学生科学态度和责任

物理习题教学中应注重问题解决的过程而不是结果，在过程中渗透方法，学生在经历过程中体会方法，养成严谨的科学态度。

物理习题教学应体现时代性，一是引导学生关注科技进步，二是关注国家和民族发展，三是习题教学中融入先进的教育理念和技术手段，培养学生科学态度和社会责任。

第三节　选择题教学研究

一、物理选择题

物理选择题属于物理客观性习题，因为题量大、知识点覆盖面广、批阅容易等优势被广泛应用于习题教学中。

（一）物理选择题考察内容

物理选择题一般选择学生容易混淆的概念、规律，编制有一定干扰选项加深学生对概念和规律的理解。物理选择题既可以考查学生对物理概念和规律的理解情况，还可以考查学生的解题技巧、方法，以及运用物理学知识分析和解决问题的能力。

（二）物理选择题分类及特点

1. 选择题的分类

根据选择题答案选项个数，可以将物理选择题分为单选题和不定项选择、多选题。根据中学教学实践统计表明，同等条件下不定项选择题学生耗时大量增加，正确率有不同程度的降低。

根据选择题求解的思维过程可以将选择题分为识别和判断、推理、计算类选择题，其类比不同难度差异也较大。高考物理选择题中的几个多选题就是综合类选择题，部分多选题相当于一个计算题。

2. 选择题特点

选择题的特点：题量大、知识覆盖面大，要求解题速度快；选择题答案客观，评分简单、准确，可以进行机器阅卷甚至现场通过云平台反馈，便于大数据统计分析教学班整体情况。

选择题有利于学生正确地理解物理概念和物理规律，提高学生思维判断能力。

选择题的不足之处在于学生遇到困难时经常通过猜测进行作答，达不到考查和反馈学生真实水平的目的。

借助于现代信息技术，选择题可以很方便地进行大数据统计和分析，借助于云平台选择题的正确率可以现场反馈结果，帮助教师了解教学班的整体情况，从而制订有针对性的习题教学策略。

二、物理选择题教学

物理选择题教学除了题干信息的提取、所涉及知识的复习，还包括分析、推理、判断过程；从实际效果和学生需要来看，选择题教学还应该重视解题技巧的培养，因为在定时测验中选择题的时间管理会影响学生的最终表现。另外，不同类型的选择题考查的知识面、综合程度、情境复杂程度不同，教学策略也必然有明显差异。

（一）识别、再认、直接判断类选择题

识别、再认、直接判断类选择题一般属于基础题，难度较低。直接判断类选择题多数属于记忆或初步应用类习题，一般来说，物理知识体系中的物理学史、物理思想方法、概念的初级应用等可以采用此类选择题来巩固和反馈。

例1（单选）物理学是一门以实验为基础的科学，任何理论和学说的建立都离不开实验。下面有关物理实验与物理理论或学说关系的说法中不正确的是（　）。

A．α 粒子散射实验表明了原子具有核式结构

B．光电效应实验证实了光具有粒子性

C．电子的发现表明了原子不是构成物质的最小微粒

D．天然放射现象的发现证实了玻尔原子理论

解析：本题属于物理学史类型题，也属于记忆中的"再认"问题。从知识点来看，本题是高三考查近现代物理学的一种经典考法。A 选项中的 α 粒子散射实验推翻了汤姆孙的枣糕模型，为了解释 α 粒子散射实验现象，卢瑟福提出了核式结构学说，因此 A 是正确的。B 选项中的光电效应现象规律如极限频率的存在用波动性不能解释，因此提出光是一种粒子的说法，用于解释光电效应现象，因此 B 也是正确的。C 选项中最早人们认为原子不可再分，但是原子中电子的出

现说明原子不是最小微粒，按照卢瑟福核式结构理论原子由原子核和核外电子构成，故 C 正确。D 选项中天然放射现象是指原子核中自发放射出粒子的现象，说明原子核具有复杂结构；玻尔原子理论用于解释氢原子光谱而提出的，因此 D 错误。综合以上分析，答案选 D。

物理学史类的识别、再认、直接判断类选择题有人提出的观点是要求学生"背下来"即可，从教学实践统计情况来看，学生"死记硬背"是很容易出差错的。从高中学生的记忆特点来看，此类型题的教学策略应该是教师引导学生一起梳理物理学发展变化的过程，形成知识脉络，学生自主建构知识体系，然后结合遗忘规律不定期重复，强化记忆效果。

例 2（多选）以下选项中描述的运动物体（加点），可视为质点的是（　　）。

A. 研究小孩沿滑梯下滑

B. 研究地球自转运动的规律

C. 研究手榴弹被抛出后的运动轨迹

D. 研究人造地球卫星绕地球做圆周运动

解析：本题属于概念初级应用判断类题，可以用于概念的进一步理解。从知识点来看，本题是对质点概念理解的初步应用，学生只要理解物理能否看成质点取决于物体大小对研究问题影响大小，选项即可直接判断。A 选项中的小孩沿滑梯下滑过程肯定要关注小孩的姿态等，因此小孩不能看成质点。B 选项中要去研究地球的自转，如果地球看成点就无法研究了。C 选项中研究手榴弹被抛出的轨迹通常都是用一个点来替代以便描述轨迹，因此可以看成质点。D 选项中卫星相对其绕地球的运动轨道和半径是次要因素，因此可以看成质点。综上分析，正确答案为 CD。

概念基础应用判断类选择题，学生在理解概念的基础上简单推理判断即可，属于基础题和容易题。此类题对多数学生来说问题不大，一般选择在新课教学中使用，教学策略是学生讨论，然后让学生代表主动起来分享即可，但是一定要让学生说清楚每一个选项判断的理由。

（二）分析推理类选择题

分析推理类选择题指的是要进行分析、综合、推理等思维方可进行判断的选择题，从教学目标的角度来看一般应该属于"能""会"等层次要求，从定性和定量角度来看一般属于定性或半定量问题。

例3　一个质点做方向不变的直线运动，加速度的方向始终与速度方向相同，但加速度大小逐渐减小直至为零，则在此过程中（　　）。

A．速度逐渐减小，当加速度减小到零时，速度达到最小值

B．速度逐渐增大，当加速度减小到零时，速度达到最大值

C．位移逐渐增大，但是加速度在减小所以位移增加逐渐减慢

D．位移逐渐减小，当加速度减小到零时，位移达到最小值

解析：本题属于概念和公式规律应用推理类题，是概念和公式规律理解基础上的综合应用。从知识点来看，本题是对加速度概念理解后的应用，也涉及速度公式和位移公式，对于学生来说有一定难度。A、B选项讨论物体速度变化，只要加速度方向与速度方向相同，物体速度就会增大，而加速度大小只是表明速度增加得快慢，故加速度减小只是说明速度越往后增加越慢而已，当加速度为0时速度不再变化，之后做匀速运动，故B正确，A错误。C、D选项分析位移变化，只要物体一直向前运动，位移都会逐渐增大，故D错题；C选项中"位移增加快慢"实际就是速度，速度大位移增加快，而速度前一阶段一直在增大后面做匀速，因此位移增加逐渐变慢就是速度变小的说法错误，C错误。综上所述，正确答案为B。

分析推理类选择题一般属于提升类选择题，是物理概念和规律的进一步理解和灵活应用，属于中等难度选择题。分析推理类选择题教学策略是梳理分析推理过程，教学时主要是要引导学生思维方向，学生经历分析推理过程，积累解题的入手点和突破点、方法、思维模式等，培养科学思维能力。

例4　如图6-3所示，虚线右侧存在匀强磁场，磁场方向垂直纸面向外，正方形金属框电阻为R，边长是L，自线框从左边界进入磁场时开始计时，在外力作用下由静止开始，以垂直于磁场边界的恒定加速度a进入磁场区域，t_1时刻线框全部进入磁场。规定顺时针方向为感应电流I的正方向，外力大小为F，线框中电功率的瞬时值为P，通过导体横截面的电荷量为q，其中P-t图像为抛物线，则这些量随时间变化的关系正确的是（　　）。

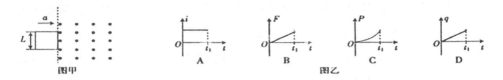

图 6-3　矩形线框有界磁场问题

解析：本题属于概念和公式规律综合应用推理类题，是多个公式规律和图像理解基础上的综合应用。本题是图像类题，要求选择正确的图像，也是半定量计算类题。由题可知，金属框匀加速进入磁场，故速度公式为 $V = at$；金属框右边框切割磁感线产生电动势 $E = BLV = BLat$，根据全电路欧姆定律，$I = E/R = BLat/R$，从公式可知电流 I 随时间 t 逐渐增大，故 A 错误。根据牛顿第二定律，$F - F_A = ma$，将安培力公式 $F_A = BIL$ 代入，外力 $F = ma + (B^2L^2at/R)$，因此外力 F 跟时间 t 是一次函数，但是截距为 ma 不过坐标原点，故 B 错。线框的电功率 $P = EI = E^2/R = (B^2L^2a^2t^2)/R$，从公式分析，电功率 P 与时间 t 成二次方关系，故 C 正确。电荷量 $q = It = \Delta\varphi/R = BLX/R = BL(at^2/2)/R$，故 q 与 t 是二次方关系，故 D 错误。

半定量计算推理类题相对一般的分析推理题综合性更强，难度更大。本题是图像类题的一种经典考法：选择正确的图像，涉及判断多个物理量随时间的变化关系，需要首先推导出该物理量与时间的解析式，然后分析判断图像是否正确。此类图像题求解的经验技巧是"正负、走势、特殊点、排除法"。

半定量计算推理类题教学的策略是要梳理逻辑关系，如此题的逻辑思路是"运动—切割—电动势—电流—安培力—合外力—加速度—运动"，但是由于中间涉及公式、规律较多，情境较为复杂，要引导学生从因果关系、时间先后等角度入手，积累经验，形成解题技巧和能力。

（三）计算类选择题

计算类选择题属于综合应用类习题，从教学目标的角度来看一般应该属于"应用"层次要求，从定性和定量角度来看一般属于半定量或定量计算问题。

例 5 如图 6-4 所示，真空中有一正三角形 ABC，O 为正三角形的中心，M、N 分别是 AC、AB 的中点。第一次，在 A、B、C 分别放置电荷量为 $+Q$、$-2Q$、$-2Q$ 的点电荷，放在 O 点的检验电荷 $+q$ 受到的电场力大小为 F_1；第二次，在第

一次的基础上仅将 A 处的 $+Q$ 变为 $+2Q$，在 O 点同样的检验电荷受到的电场力大小为 F_2。下列分析正确的是（　　）

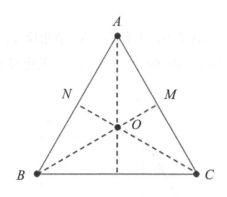

图 6-4　计算类选择题（1）

A. $F_1 : F_2 = 2 : 3$

B. $F_1 : F_2 = 3 : 4$

C. 第一次，检验电荷从 O 点移到 M 点过程中电势能增大

D. 第二次，检验电荷从 O 点移到 N 点过程中电势能减小

解析：本题是典型的计算类选择题，A、B 选项是定量计算，也是互斥选项，C、D 是定性或者说是半定量选项。本题涉及的知识点相对较多，库仑定律、力的合成、比值、电势能、功能关系等，具有较大的综合性。根据库仑定律 $F = K\dfrac{Qq}{r^2}$，可得 $F_{AO} : F_{BO} : F_{CO} = 1 : 2 : 2$，将检验电荷 $+q$ 所受的 3 个库仑力合成后其大小 $F_1 = 3F_{AO}$；同理，当将 A 处电荷换成 $+2Q$ 时，可得 $F_{AO2} : F_{BO} : F_{CO} = 2 : 2 : 2$，将检验电荷 $+q$ 所受的库仑力合成其大小 $F_2 = 4F_{AO}$；则 $F_1 : F_2 = 3 : 4$，故 A 选项错误，B 正确。C、D 选项中需要分析电场力做功正负，电场力合力向下，不管从 O 到 M 还是 O 到 N，电场力均做负功电势能增大，故 C 正确，D 错误。综上所述，正确答案为 B、C。

计算类选择题求解的时候具有一定的技巧性，和计算题相比较有较大的差异性，如可以采用排除法、可以按照需要从答案选项的角度进行反向思考和求解。因此，在计算类选择题习题教学的时候，要引导学生首先观察题中的图然后根据原有经验初步猜想情境，读题提取有用信息，建立初步的物理情境；其次观察、比较选项，先处理可以快速判断的简单选项，再去区分核心选项、关联选项、互斥选项，定量计算建议先算核心选项，再去计算关联选项，互斥选项一般采用排除法快速判断。

例 6 如图 6-5 所示，abcd 为匀强电场中的一直角梯形，其平面与场强方向平行。已知 ab = ad = 2 cm，∠adc=60°，a、b、d 三点的电势分别为 0 V、4 V、4 V，则（　　）。

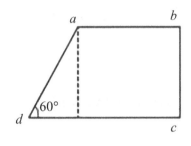

图6-5　计算类选择题（2）

A. c 点的电势为 10 V

B. 匀强电场的场强为 400 V/m

C. 若将电子从 a 点移到 b 点，需克服电场力做功 4 eV

D. 电子和质子分别放在 d 点时，具有相同的电势能

解析：本题是计算类选择题，每一个选项都是定量计算，综合度比较高。涉及的知识点包括匀强电场场强、电势差、电势能、电场力的功，还需要数学知识。本题做判断时有一定的技巧性，先要初步分析和思考选项，从选项内容反过来思考，先处理相对简单计算的 C、D 选项（容易选项）。C 选项计算电场力的功涉及两个公式 $W_{ab}= -e U_{ab}= -e (\varphi a-\varphi b) = 4$ eV，电场力做正功而不是克服电场力做功，故 C 错误。D 选项运用公式 $E_p = q\varphi$，电性不同电势能不等，D 错误。A、B 选项属于关联选项，先计算出场强才能计算 c 点电势，故 B 也可以说是核心选项。如图 6-6 所示，因为 b、d 电势相等，连接 bd 即为等势线。过 a 点做 bd 垂线，相交于 e 点，利用数学知识可知 ae = 1cm，$U_{ea} = U_{ba}= (\varphi_b -\varphi_a) = 4$ V，根据公式 $E = U/d = 400$ V/m，故 B 选项正确；过 c 做 bd 垂线，相交于 f 点，根据数学知识可知，cf=1.5 cm，由 $U = Ed$ 和电势差公式可知 $\varphi_c = 10$ V，故 A 正确。

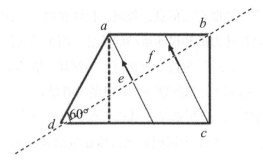

图 6-6 计算类选择题（3）

例 7 水平光滑直轨道 ab 与半径为 R 的竖直半圆形光滑轨道 bc 相切，一小球以初速度 V_0 沿直轨道向右运动，如图 6-7 所示，小球进入半圆形轨道恰能过最高点 c，之后小球做平抛运动落在直轨道上的 d 点，则下述说法错误的是（ ）。

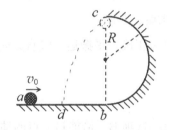

图 6-7 动力学经典题型

A. 小球到达 b 点时对轨道压力为 $5mg$

B. 小球到达 c 点的速度为 $\sqrt{gR}$

C. 小球从 c 点落地 d 点所需时间为 $2\sqrt{\dfrac{R}{g}}$

D. 小球落点 d 与 b 点之间距离为 $2R$

解析：本题是动力学部分一个经典的模型和题型，可以从本题中让学生感悟计算类选择题求解的思路、方法、技巧，培养学生综合分析能力。

（1）审题、提取信息：读图、猜想、题干。首先，看图猜想：第一阶段是平面滑块模型，存疑的是是否有摩擦？第二阶段竖直面内的圆周，同样要关注有没有摩擦；圆周运动在 c 点是什么状况？能过 c 点还是恰能过 c 点？这些存疑都需要从题干文字描述中去解惑。第三阶段平抛运动，可以从图中初步看出竖直高度 $y = 2R$。

其次读题，从题中抽取有用信息，勾画，标注在图上。什么是有用信息呢？动力学问题，自然是描述力的和描述运动的信息。两个"光滑"解答了前面摩擦力的问题，"恰能过最高点 c"解决了过最高点的存疑，解读为 $N_c = 0$。另外，题目中"错误"这个关键词也是选择题一个常见的考查模式。

（2）构建运动情境，分析选项。从以上受力分析可知，构建运动模型为：小球 ab 段做匀速直线，b 到 c 为圆周运动且恰能过最高点 c，从 c 点飞出后做平抛运动。

分析四个选项，容易发现 A、B 选项是关于圆周运动的，C、D 选项是关于平抛运动的；C 选项是相对独立的，可以直接根据题中信息 $y = 2R = gt^2/2$ 求解，属于简单选项；其余选项要求解，必须先求解小球过 c 点速度，因此 B 选项是核心选项，A 和 D 选项是 B 选项的关联选项（根据 B 选项答案才能求）。

（3）选择适用规律，求解，判断.

首先判断简单选项 C 是否正确：平抛运动竖直方向：$y = 2R = gt^2/2$ 求时间为 $2\sqrt{\dfrac{R}{g}}$，故 C 正确，不选.

其次，通过求解判断核心选项 B。恰能过 c 点的动力学条件为：$mg = m\dfrac{V_c^2}{R}$，解得 $V_c = \sqrt{gR}$，故 B 正确，不选。

最后，平抛水平方向运动 $x = V_c t = 2R$，故 D 正确，不选。

排除法，直接选 A。验算：小球从 b 到 c，由动能定理，有 $-mg2R = \dfrac{1}{2}mV_c^2 - \dfrac{1}{2}mV_b^2$，解得 $V_b = \sqrt{5gR}$。

小球在 b 点做圆周，由牛顿第二定律，有 $N = mg = m\dfrac{V_b^2}{R}$，解得 $N = 6\,mg$，故 A 错误，题目要求选错误的故选 A。

（4）反思、总结：梳理解题思路，再次确认是否有遗漏或逻辑错误，总结一类型题的求解思路和技巧。

概而言之，计算类选择题求解的基本思路如下：

（1）引导学生从题目文字和图像中提取信息建立物理情境；

（2）分析选项，初步确定容易选项和核心选项、关联选项、互斥选项；

（3）根据选项，选择适用的公式、规律；

（4）判断选项，首先处理容易选项，其次计算核心选项，最后依次计算关联选项，排除互斥选项。

（5）反思、总结：在开展计算类选择题习题教学时，要根据求解思路，找准学生的困难点，适时地点拨、引导，学生讨论交流、分享、总结，最终形成解题能力。

第四节　计算题教学研究

一、物理计算题分析

（一）物理计算题作用

物理计算题可以很好地考查学生对物理概念、物理公式规律理解基础上的应用能力，也可以考查学生依据题目构建物理情境和物理建模、选择适用规律的能力，并且还可以考查学生应用数学等综合知识处理物理问题的能力。从教学反馈的角度来看，选择题有一定的偶然性，计算题则可以较全面地反馈学生的综合应用能力形成情况，特别是通过学生现场分享求解思路或教师"面批"学生计算题模式可以准确地掌握学生真实情况。

物理计算题是能较好地培养学生"解决问题"能力的习题形式，学生掌握解答物理计算题的方法、思路、策略，对于培养其分析和解决问题的能力有重要作用。物理计算的求解过程就是"问题解决"的过程，首先要从物理学的角度去思考问题，其次抽象建模、分析、推理，判断选择适用规律，利用数学方法求解，再次将数学解转化为物理解，最后反思、质疑、总结，物理计算题的求解和教学过程对培养物理学科核心素养有重要作用。

（二）从中、高考角度看计算题

计算题是每年物理中考和高考的必考题型，属于中、高难度试题。通过真题数据统计，可以发现物理计算题着重于考查物理主干核心知识、经典物理模型、典型题型，解题时重点运用"力的观点""能的观点""动量的观点"及必要的数学知识。物理计算题具有较强的综合性，题目信息量大，研究对象多、过程复杂，需要运用到的物理公式、规律较多，是考查学生综合能力的一种较好的手段，具有较好的区分度。

二、物理计算题教学

（一）物理计算题教学中存在的误区

1. 重视难题轻视基础题

部分教师在布置和讲评时"偏爱"难题，认为难题包括基础题的知识点，更能考查和培养学生综合能力。这样做既没有考虑学生的个体差异性，也没有考虑认知的顺序性，学习是先易后难的螺旋式上升过程，这样操作模式极容易让部分学生感受挫败从而逐渐失去物理学习的兴趣和信心。

2. 有安排无督促落实，训练过多，学生在习题中遇到的困难不能精准和及时解决

因为通过习题强化训练的确对增加解题熟练度有一定作用，所以部分老师在计算题上依然奉行"多练"策略。由于"减负"的逐步落实，抢占自习课或其他课的情况逐步减少，题量安排又比较多的情况下，有安排无法讲评情况很常见。另外，因为"课时紧张"，急于推进新课教学的情况下，部分教师计算题不讲评或者延期讲评现象明显，极大地影响了习题教学效果。

3. 重视题型解题步骤的"灌输"，轻视学生对习题问题解决过程的探究

为了提升计算题教学效率，部分教师直接给出某一类题的求解思路，然后学生直接套用，而不是让学生去经历尝试、探究逐步形成"解决问题"的方案，导致学生容易遗忘或产生机械套用情况，不利于学生综合能力形成。

（二）物理计算题求解一般过程

根据基于问题解决的习题教学模式，结合计算题自身特点，建议物理计算题的求解一般过程如下（如图6-8所示）：

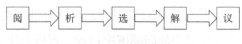

图 6-8　物理计算题求解模式

1. 阅：读图，读题，提取信息，构建物理情境

成功求解物理计算题的前提和基础是正确提取出图、表、文字中的有用信息，特别是隐含信息，积累对重点词句、关键词的解读经验，初步构建出问题情境。

2. 析：分析，构建情境，抽象模型

对研究对象进行，受力分析、运动分析、电路分析、光路图等，构建对象模型、运动模型，画草图，明确并标注已知量和待求量。

3. 选：选择研究对象、过程、适用规律

根据已知量和待求量，选择研究对象，选择研究过程或状态，选择适用规律。

4. 解：数学推演，求解答案

根据物理规律，列出原始公式模式的评分方程，依据数学方法求解答案。

5. 议：讨论和反思

将数学解转化为物理解，讨论、梳理求解过程和答案并检验，总结求解方法、思路、经验、技巧，是否有不同解法及其差异。

（三）物理计算题规范书写一般模式

物理计算题的规范书写也是计算题教学一个重要内容，计算题的规范书写要展现解题的思路，也要体现严谨性，还必须考虑便于教师评判。

物理计算题一般书写模式如下：

解：研究对象，研究过程或状态，必要的辅助信息（未知量、正负等的规定）；

依据规律（比如，牛顿第二定律、法拉第电磁感应定律等）；

评分方程（比如 $F = ma$ 等，要将字母替换为题中一致的字母）；

数学解（依据数学方法，也可能需要写几个方程，计算出结果）；

数学解变成物理解（讨论是否有物理意义，矢量求解是否忘了方向等）。

（四）物理计算题教学模式及案例研究

根据基于问题解决模式的习题教学"阅—问—议—享—练"模式具体用于计算题，需要有一些调整和改变，但是调动学生主动去解决问题的核心思想不变。

计算题教学过程中，教师技巧性地启发引导，有针对性地提问，组织学生讨论，学生采用探究模式经历计算题中的问题解决过程，形成解决问题的能力，培养学生学科核心素养。

例 7 如图 6-9 所示，遥控电动赛车（可视为质点）从 A 点由静止出发，经过时间 t 后关闭电动机，赛车继续前进至 B 点水平飞出，恰好在 C 点沿着切线方向进入固定在竖直平面内的圆形光滑轨道，通过轨道最高点 D 后回到水平地面 EF 上，E 点为圆形轨道的最低点. 已知赛车在水平轨道 AB 部分运动时受到恒定阻力 f = 0.4 N，赛车的质量 m = 0.4 kg 通电后赛车的电动机以额定功率工作，轨道 AB 的长度 L = 2 m，B、C 两点的高度差 h = 0.45 m，连线 CO 和竖直方向的夹角 α = 37°，圆形轨道的半径 R = 0.5 m，空气阻力可忽略，求：

（1）赛车运动到 C 点时速度 VC 的大小；

（2）赛车经过最高点 D 处时对轨道压力 N 的大小。

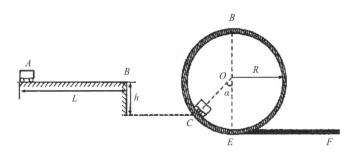

图 6-9　模拟遥控电动赛车运动

解析：根据题目信息，构建运动模型。第一阶段小车恒功率运动，第二阶段平抛运动恰好沿切线进入轨道，第三阶段在光滑竖直轨道做圆周运动。根据问题逆向思考，C 点是第二阶段的末速度同时也是第三阶段的初速度，因此要求解 C 点速度要优先看第二、三阶段的已知量，选已知量较多的第二阶段进行研究，然后研究小车从 C 到 D 点的运动，分析 D 点小球做圆周运动的动力学条件。

小车从 B 到 C 做平抛运动，竖直方向自由落体，由运动学公式有：

$$V_{Cy}^2 = 2gh，求得 V_{Cy} = 3 \text{ m/s}$$

小车在 C 点，将速度分解到竖直和水平方向，由数学知识有：

$$\sin\alpha = \frac{V_y}{V_c}，求得 V_C = 5 \text{m/s}$$

小车从 C 到 D 点，由动能定理，有：

$$-mg(R + R\cos\alpha) = \frac{1}{2}mV_D^2 - \frac{1}{2}mV_C^2 \text{，求得 } V_D = \sqrt{7} \text{ m/s}$$

小车在 D 点，由牛顿第二定律，有：

$$mg + F_N = m\frac{V_D^2}{R} \text{，求得 } F_N = 1.6 \text{ N}$$

根据牛顿第三定律，有：

$$F_N' = F_N = 1.6N$$

物理计算题的教学过程，按照问题解决的习题教学"阅—问—议—享—练"模式，结合计算题解题"阅—析—选—解—议"模式，开展教学设计研究。

第一步是引导学生提取信息，梳理已知量和待求量，构建初步的问题情境。对学生来说怎么挖掘题目中信息是难点，特别是隐藏在图像、表格中的信息。教师的示范，学生的亲历，同学间的讨论，对于信息的提取能力培养都有很大作用。提取信息这一步骤的教学策略：学生先独立去勾画、标注有用信息，然后交流，再请学生分享，教师提问补充。

第二步是引导学生经历各种分析后，抽象建模。受力分析、运动分析等各种分析是关键点，正确的分析才能准确地抽象建模。这一步是难点，因此教学策略是让学生分小组开展充分讨论，分解过程，特别是较为复杂的计算题需要分解成几个模型，为选择合适的适用规律奠定坚实基础。

第三步是选择研究对象、过程、适用规律，求解。这一步教师首先要示范规范书写解题过程，然后分享学生的书写过程，通过评价、引导等方式逐步规范学生书写，特别要注意语言的严谨性和答案的完整性。

第四步是总结、反思、针对训练。教师要引导学生总结典型题型、模型求解的思路，总结一类型的易错点和求解技巧，通过一题多解、一题多变培养学生发散思维和创新思维。根据学生反馈掌握的实际情况，恰当地安排针对训练。

物理计算题在不同模块由于考查的知识点存在差异，求解的思路也会存在差异。比如，电磁感应的计算题，思路是：电路分析—力分析、运动分析—求解动力学问题—求解能量问题。为什么会去做电路分析呢？是因为电流会有安培力，影响到合力，从而影响运动情境。在习题教学过程中，要尝试让学生去探究、经历问题解决过程，从而主动构建新的解题思路和模式，这样学生在遇到"创新题"时就能够"解决问题"了。

第七章　信息技术与物理教学

　　《教育信息化 2.0 行动计划》自 2018 年实施，一方面培养和提升学生的信息素养已成为教学目标之一，另一方面信息技术与教学的深度融合也已逐步成为教育研究和实践的内容。信息技术应用在教学中的实践，已经从单一的计算机"辅助教学"转变为"信息技术与课程整合"。信息技术的发展不仅扩展了教学的媒体，丰富了教学资源和共享，同时也成为学生学习、师生间和学生之间交换信息和讨论的工具，特别是"微课""慕课""直播""云平台"的逐步发展使用，信息技术已经成为教学设计和教学实践中的重要环节。

　　《普通高中物理课程标准（2017 年版 2020 年修订）》大力提倡教师"积极探索信息技术与物理教学的深度融合"，描述为：积极开发和利用数字媒体课程资源；重视收集数字图书资源，建立数据管理系统；探索基于网络的教与学。本章从信息技术与教学的融合入手，简述了信息技术在资源获取、教研、教学中的应用，并简要介绍了"互联网＋教育"模式的发展现状。

第一节　信息技术与教学融合

　　信息技术在教育教学中的应用主要表现为多媒体化和网络化，并且二者在应用中结合紧密。《教育信息化 2.0 行动计划》逐步推行后，不管城区学校还是农村学校都普及了多媒体教室、电脑机房，甚至很多学校建设了自己的校园官网、官微、资源库等。国家教育资源平台、省教育资源平台、各种教育专业网站等的建设，加快了信息技术与教学融合的步伐。技术的进步和学校软硬件的建设，为信息技术与教学的深度融合提供了基础和保障。

　　信息技术与教学的深度融合，助力课堂教学效率的提高，也为优势资源的辐射提供可能，同时可以提高学生信息素养，助力学生核心素养的培养。

对教学设计而言，首先需要的是根据教学需要收集和整合资源；其次是开展交流讨论，分析可行性；最后制作教学设计和上课课件。

一、资源的获取与选用

教学设计过程中，教师可以选用的资源有实验室资源、生活中的玩具等日常用品资源，融合信息技术后，可以更好地开发和利用这些资源，还可以从网络中去寻找各种资源，组建数据资源库。

（一）实验资源开发与应用

物理是一门以实验为基础的学科，实验是将抽象问题具象化的最好途径。实验不仅仅给学生提供直接经验，还可以让学生在做实验中体验科学探究的乐趣，培养学生核心素养。在教学设计时，涉及某一个必须要做的实验时可能有多种方案，教师要根据学校实验室条件和教学需要二者综合分析选用。对学生来说特别抽象和难以理解的实验，如果本校实验室没有要通过借用、购买等方式想办法实现现场实验。比如，高中物理"电场"部分"尖端放电"，对于为什么是"尖端"多数学生没有生活经验，非常有必要现场演示对比实验。

部分实验由于安全、耗时、成本等诸多因素的影响，课堂中现场实验很难实现，这时学生小组实验的方式结合现代信息技术拍摄视频播放甚至现场直播方式就非常有必要了。比如，托里拆利实验，要定量测定大气压强，用水银做有安全风险，而用水来做实验的话，10 m 的高度，教室的确又不现实，那么将用水测定大气压强作为研究性学习课题，教师课外组织兴趣小组现场实验，学生拍摄视频，这种方式既增加了实验问题真实度，也培养了学生的综合能力。

实验与信息技术的融合，主要体现在：实验投屏增加可视性；不宜或不能在现场实验的拍摄视频于课堂中播放；实验效果不好的通过网络查找实验替代方案或创新方案等。

（二）生活中资源的合理使用

在中学教学实践过程中，众多智慧的中学物理教师创造性地选用了身边的"资源"完成了一些经典的教学方案。这些利用日常生活用品等资源设计的教学创新方案有些通过文章方式推广，有些通过市级及以上赛课流传出来，还有一些仅仅在教师的博客或教师交流 QQ 群、微信群等小范围流传，教师都可以通过互联网共享去收集、融合、使用。比如，"楞次定律"中探究感应电流方向的过程，猜想影响感应电流的方向与运动方向、磁场方向、磁通量变化对学生来说都有基础，但是怎么引导学生去猜想感应电流的磁场与感应电流的磁场方向有关是跳跃性的一步，如何解决这一步的逻辑缺失是很多教师感觉伤脑筋的事情。如果教师采用对比实验：固定有磁铁的玩具小车与磁铁相互作用、固定有闭合线圈的小车与磁铁相互作用，则可以很容易引导类比——线圈等效为磁铁，从而研究线圈电流的磁场。又比如，采用生活中的矿泉水瓶、气球等来做一些创新小实验，增加课堂的亲和力，提升学生的创新精神，这些方案都可以从网络中搜索到并借鉴运用。

（三）互联网资源

通过互联网，可以下载和交流教学相关的数字图书资源、适合课堂或课后学习的音视频材料、优秀教学实录、教案、课件等，搭建数据资源库。

1. 重视收集数字图书资源，搭建电子图书馆

随着信息技术与教学的融合推进，数字图书资源的需求逐步增加。正式版的数字期刊、随纸质版几乎同步发布的电子版的教材、课标、教辅，创新实验案例、优秀教学设计课例电子版均可以收集和整理，搭建数字图书资源库。

2. 收集电子教案、课件、试题，搭建教学资源库

通过网络下载优秀课件、真题、优秀教案等教学资源，结合自己的课件、教案等搭建专属于自己的教学资源库。

3. 收集教学辅助和拓展型资源，搭建现代技术、物理前沿资源库

物理学科本身内容与科技发展、国防安全等都密切相关，北斗定位系统、纳米技术、航空航天、利用传感器的自动化控制、核电站、人工智能等，下载这些内容的相关视频和文档等资源可以加深学生对物理课程内容的感性认识，拓宽学生视野。部分与教学内容密切相关的，可以在课堂中播放，其余部分内容可以依托网络作为拓展资源供学生自主学习。

4. 收集、制作虚拟仿真实验，搭建仿真实验库

根据教学需要收集部分不方便演示的实验替代仿真实验，或者根据实际需要制作对应的仿真实验。比如，用 Flash 制作平抛物体运动的仿真实验，用几何画板制作力的动态平衡演示矢量图等。

二、虚拟教研室

在互联网模式下，教研活动变得更加开放和容易。学科教研活动既可以让教师之间交流情感增加团队和协作精神，又可以集中大家智慧解决教学中遇到的困难，还可以"以老带新"促进青年教师的快速成长。传统模式下物理教研会需要解决调课、交通等问题，所以规模较大学校的全校性的物理教研会一般较少，市级及以上的教研会就更少了。

在互联网模式下，虚拟教研室将这一切变得简单和容易。志同道合的物理教师组建实名交流群，可以是校内的教师也可以辐射一定区域，如以省或市为单位。通过交流群，大家可以交流讨论教学中的各种问题，也可以分享心得和资源。依托于互联网，虚拟教研室的组织者可以定期或不定期地开展专题研讨，这种专题的在线研讨可以通过腾讯会议、钉钉、QQ 会议等软件轻松实现。虚拟教研室摆脱了场地、时间、区域、人员组织等问题，参与的人员志趣相投，具有开放性。

虚拟教研室更容易实现教师间的交流和分享，也可以更加及时地解决教学中遇到的疑难问题。

三、课堂教学中多媒体的综合运用

信息技术在教学中的使用，最初称之为计算机辅助教学（Computer Assisted Instruction，简称"CAI"），早期辅助教学以演示课件为主，简称"CAI 课件"。随着信息技术的进步，交互、网络化成为必然和需要，从最早的人机交互到师生、生生交互，论坛、云平台、雨课堂等应运而生，极大地丰富了课堂教学。

（一）演示软件编辑基本要点

从中学实际情况统计来看，物理教师应用最多的教学辅助演示软件是 PowerPoint 和金山演示软件。在中学实际教学中，运用演示软件配合手写屏可以较好地实现教师教学演示和演算、板书的需求。

从技术角度来说，演示 PPT 配合翻页笔，再加上手持平板等终端的手写和无线投屏等技术手段，可以很好解决电脑投影将教师束缚在讲台的问题，增加师生的亲近和交流。

从中学演示 PPT 制作实例来看，物理教学中的 PPT 容易出现的误区有：

（1）PPT作为教案或发言稿来写，无主题，文字等内容过多；

（2）字号太小或太大；

（3）字体颜色与背景颜色混为一体，对比度差；

（4）所有内容同时出现。

建议：

（1）整体设计：字体、字号、色调、结构、风格基本一致。

（2）简洁即美：突出重点和要点。

（3）换位思考：听众就是上帝，从听众角度去看PPT，是否达成自己的意图。

（4）图形化：一幅好图胜过一千句话；拍摄真实情境图片，抽象建模。

（二）视频的拍摄与使用

将教室中不便演示且学生直接经验不足的内容拍摄成视频，融入课堂演示PPT中，可以极大地提高学生的兴趣和热情。比如："光学"部分在生活中的应用，学生对于很多现象可能经验不足——夏天柏油路上看上去有"水"，夏天水雾下的彩虹；全反射现象下的"物体消失"或"川剧变脸"等；"多普勒效应"一节，在生活中高速公路车辆靠近和远离过程感受到汽车喇叭声音的频率变化；"圆周运动实例分析"一节中火车转弯特别是车轮与铁轨外形抽象；"力的合成与分解"中的"索拉桥"等。以上现象有很多学生缺乏直接经验，教师可以拍摄视频用于课堂教学，增加学生直观体验，有利于培养学生核心素养。

教学中用到的视频可以按照使用时间分为课前、课中、课后视频。课前视频一般为导学作用，帮助学生自学，经典应用有翻转课堂教学模式。课中视频一般用于课中不便演示或讲解的内容，如"超重和失重"一节可以学生分组在电梯中用数字体重计实验，拍摄视频课堂中播放电梯运行过程中的超重和失重过程。课后视频一般首先用于解决部分学生作业反馈的疑难点，但是教师又抽不出专门时间讲解的。课后视频也可以用于学生拓展性学习和自主发展、科创、高科技发展等方向。

（三）仿真实验的运用

在实际教学中有部分不方便演示或不能演示的实验，可以采用仿真实验替代。仿真实验目前比较常用的有：仿真物理实验室、PhET实验网站（Physics

Education Technology），也可以采用几何画板、Flash、LabView、MATLAB 等软件编写。

仿真实验在教学中使用可以帮助学生理解物理概念和规律。比如："原子物理"部分"链式反应"及核反应堆，学生通过操作和观察，可以增进理解；"牛顿定律"部分的传送带模型和木板滑块模型，多数学校不具备实物演示条件，但是其运动情境比较复杂，学生抽象思维能力不足容易造成理解困难，此时采用虚拟仿真实验可以利用输入式变量改变初始条件，然后演示在不同情况下滑块的运动，可以很好地帮助学生理解和构建情境，减小学习困难。

教学条件较好的学校，也在尝试 VR 技术（Virtual Reality）与教学融合。目前已有部分实验的 VR 资源，采用 VR 技术演示仿真度很高，可以用于安全风险较高的实验模拟。

（四）投屏技术的运用

随着科学技术发展，投屏在教学中使用越来越广，其作用主要是增加可视性和提升教学效率。投屏技术从最早的胶片式幻灯机到实物投影仪，再到无线投屏，很好地解决了学生作业展示问题及实验可视性问题。无线投屏采用手机或平板等手持终端摄像、拍照，将学生作业或实验实时投影在大屏幕上，既节约了时间也增加了可视性。

在实际教学应用过程中，教师还可以开发教学积件，或者采用软件将上述内容集成到一个框架或平台中运行，提升教学效率。

第二节 "互联网＋教育"模式下物理学科教学思考

信息技术与教学融合的一个重要进步就是远程教学，以计算机网络或卫星数据传输为基础，将教学信息传递给学生，学生通过计算机或其他手持终端来进行学习和接收信息。从建构主义学习理论角度来看，基于互联网的教学符合建构主义学习环境的情境、协商、会话、意义建构四大属性。信息化学习环境的架构包括硬件、资源库、软件平台等，"互联网＋教育"先后经历了固定内容的讲课视频—网校—卫星直播、云教等模式。从师生实时性和互动性的角度来看，从提前录制讲课视频滞后观看，到现场"直播"教学模式，从延后性地解答问题到实时反馈数据的教学模式。

一、微课与翻转课堂

（一）微课

1. 微课的起源

微课起源于 2004 年，是为了解决空间距离而依托于互联网的一种远程教学模式。"微课"最早是萨尔曼·可汗为了远程教他表妹数学而录制的视频，最早的视频放在 Youtube 上面，后期由于浏览量增大，萨尔曼·可汗于 2009 年建立可汗学院，至此"微课"得以较大范围地推广和运用。

2. 微课界定

有人认为"微课"就是小视频，所以小视频就是微课，实际上这种观点不全面。微课应该同时具备"微"和"课"两个特点。概而言之，微课（Microlecture），是指运用信息技术按照认知规律，呈现碎片化学习内容、过程及扩展素材的结构化数字资源。

3. 微课的主要特点

（1）"小"——有利于碎片化时间学习；资源容量较小，播放流畅。

（2）可以不受时间和空间限制。

（3）主题突出、内容具体。

（4）草根研究、趣味创作。

（5）反馈及时、针对性强。

4. 微课大赛参考评分标准

表 7-1　微课大赛参考评分标准

评选指标	分值	评选要素
教学设计	25	体现新课标的理念，主题明确、重点突出 教学策略和教学方法选用恰当，合理运用信息技术手段
教学行为	25	教学思路清晰，重点突出，逻辑性强 教学过程深入浅出、形象生动、通俗易懂，充分调动学生的学习积极性

评选指标	分值	评选要素
教学效果	25	教学和信息素养目标达成度高 注重培养学生自主学习能力
创新与实用	25	形式新颖，趣味性和启发性强 视频声画质量好 实际教学应用效果明显，有推广价值

（二）翻转课堂

翻转式教学模式是指学生在课前观看微课视频讲解，自主学习；课堂中主要进行答疑解惑、交流讨论、完成学习任务等。在翻转课堂模式中，教师课堂中主要引导学生讨论和应用知识，解决理解和运用过程中的困难。翻转课堂重新建构了学习过程，将原来在课堂中的知识学习放在课前（外）进行，学生利用教师提前录制好的微课学习，而将"吸收、内化"从课后提到课堂中进行，通过师生、生生互动方式答疑解惑来实现。

翻转课堂 2007 年兴起于美国，随互联网发展和普及逐渐被推广。翻转课堂在我国也有一个尝试和推广过程，同时惹起较大争论。由于翻转课堂对微课资源的依赖性强，而多数中学教师由于工作量较大没有时间去设计、录制、编辑吸引力强的创新微课；另外，课前或课外的微课学习对学生自主学习能力和自控能力要求较高，且对学生家庭电脑、网络等硬件有一定要求。基于以上原因翻转课堂教学模式现在较少被使用，但是"微课"在各种教育领域应用较广。

对物理学科来说，特别是"双减"政策实施以后，学生有更多的自主学习时间，教师可以创作一些拓展性的微课提供给学生自主学习。另外，由于教学课时限制，部分学生还存在问题的习题或者经典题型可以录制微课，放在学校校园网或者公网上供学生自主选学。

二、从慕课到直播教学、云教的尝试

（一）慕课

慕课（简称"MOOC"，即 Massive Open Online Courses）起源于大学，一般

是指大型开放式网络课程。2013 年，我国北京大学、清华大学等部分高校相继提供免费网络课程，此以后各级各类高校纷纷开发慕课。

为了提升国家人才培养质量，也为了高校优势资源共享和推广，教育部以项目的方式组织各高校开发优质"金课"，这些一流课程与慕课结合给学生自主学习提供了优质资源，助力了国家人才培养。

由于各省市教材、生源基础、教学计划、考试评价、学生辅导等诸多差异，所以像高校一流课程的大型开放式网络课程（慕课）没有在中学推广。对中学而言，国家教育资源平台的"一师一优课""一课一名师"活动的课堂实录视频资源与大学的慕课有异曲同工之处。

（二）直播教学和云教

远程直播教学中做得非常有特色的是成都七中的全日制远程直播教学模式，目前成都七中的远程直播教学在四川、贵州、云南、甘肃、青海、重庆、广西等300 余所中学得以运用。成都七中直播教学通过卫星和网络实时传输课程相关音视频、习题、课件等数据，实现了异地同步教学，课堂中既有成都七中的前端教师讲解还有远端课堂的教师现场督促和指导。成都七中的全日制远程直播教学模式经过多年实践中的总结提炼，已经走出了一条优势资源辐射的远程直播教学模式之路。

"云教"是"互联网＋教育"服务薄弱地区教育的典型应用，是通过互联网实现优势资源共享、缩小城乡教育差距而构建的教育模式。"云教"一般由各地的教育主管部门牵头，依托各省、市、县各级云教联盟学校，推动优质资源共享。"云教"通过线上教研、备课、赛课等方式来促进教师专业成长，云教接收端一般为薄弱地区学校，云教主播学校一般为当地一流优质学校，主播学校组织优秀师资开展直播、录播教学和教学研讨。

以上直播和云教模式，均符合国家优势资源共享的信息发展理念，目前正在中学一线实践，对其进行学习和研究有利于提升教师自身专业水平。作为物理学科，实验具有非常特殊的地位，且作为理科习题课占比很高，如果进行直播或云教，实验和习题讲评等问题如何处理是物理教师在教学设计中要重点考虑的问题。

三、基于云平台的在线教学

基于云平台的在线教学既具有远程教学优势资源共享的功能，也能通过云计算及时反馈学情，且云平台大数据全程记录学生的学习过程，非常有利于教学因材施教和学生自主弥补。

基于云平台的在线教学对硬件设备、软件、技术支持等均有较大的依赖性，且学生在学习过程中会较多地使用平板等手持终端，对学生的视力会有一定的影响，且要求学生家长对硬件有一定投入，一定程度限制和影响了其发展。

"未来课堂"是基于云平台的在线学习的典型模式，学生通过平板学习，平台全程记录学习过程，软件系统自动评判学生客观题，教师根据大数据精准备课，精准施策，能够提升教学针对性和实效性。目前，成都七中在直播教学的基础上牵头实施了"未来课堂"，部分专业机构也组建了"未来课堂"，共同探索和打造高效教学的信息化平台。

四、视频网站的教学资源

（一）国家和省级教育资源公共服务平台

随着教育信息化的不断推进，国家搭建了教育资源公共服务平台，提供了教师学习、教研和交流的平台。为了体现本土特色和贴近本省实际，各省也分别搭建了本省的教育资源公共服务平台。

教育资源公共服务平台的"一师一优课"课堂实录由中学一线教师设计和录制，更加贴近中学实际，因此很多资源可以直接采用或借鉴。

（二）其他视频网站资源

随着"互联网＋教育"的逐步推广，一些教学资源网和视频网站也出现了很多的中学物理教学视频。不同网站的差异在于是否可以进行讨论、反馈，是否有人提供指导。这些视频可以作为学生预习或弥补的备用资源，为了提升效率，建议教师帮助学生进行必要的筛选。

教师也可以根据实际情况录制一些经典内容的讲解视频，如"游标卡尺的使用""螺旋测微器读数""运动学公式规律推导及记忆"等，录制好讲解视频通过互联网发布给学生，学生收藏后根据需要择机学习。这些视频既可以用于新课预习，也可以用于学生遗忘后的弥补或者复习。

第三节 线上线下融合式教学

一、线上线下融合教学

（一）基于网络资源的主题学习

网络主题学习（WebQuest）最早出现于 1995 年，由美国圣地亚哥州立大学的伯尼·道奇等人提出。WebQuest 是一种"网络专题调查"活动，将其与探究式学习相结合，就形成了基于网络资源的主题学习。

网络主题学习包括序言、任务、过程、资源、评估、结论等部分。序言给学生制定学习方向，任务描述练习结束时学习者要完成的事项，过程一般提供建议性的步骤、策略等，资源是教师给学生提供的经过筛选的资源清单，评估是指测评学习结果，结论就是总结经验、反思和拓展。

（二）线上线下融合教学的特点

线上线下融合教学最早起源于 E-learning（电子化学习），是通过互联网对学生进行教育的过程。后面在实施过程中发现由于缺少师生交流，教学效果不好，于是尝试将线上和线下教育按照一定比例混合，这就是早期的混合式教学。2013年以后，"互联网 +"阶段线上线下融合教学逐步转变为"基于移动通信设备、网络学习环境与课堂讨论相结合的教学情境"。

狭义的线上教学是指教师和学生依托于网络同步进行教学活动，广义的线上教学是指同步和异步进行的教学行为，包括教师的线上辅导，师生交流和学生间的交流讨论。从中学线上教学实践情况调研来看，线上教学中采用语音连线或借用讨论区互动，学生参与度比线下教学积极性差、互动氛围不好、互动时间不够等情况明显。从物理实验执行情况来看，大部分实验是以视频讲解方式进行。从学生的角度分析，学生缺乏自控力，教师通过网络无法进行良好的教学管控。

线上线下融合教学可以充分发挥线上教学和线下教学各自的优势，形成互补性。线上教学依托网络和服务器提供丰富多彩的学习资源，学生自主选择学习内容，教师现场引导和督促，然后师生、生生互动，对学习任务进行讨论，总结交流、分享，教师评价。线上内容容易拓展，可以给学有余力的学生"加餐"。比如：加入与学习内容相关且学生感兴趣的现代科技、物理学史、小制作等有趣内容；后期学生还可以重复观看学习内容，满足复习或弥补的需要。线下教师现场指导，学习氛围和互动性更好，可调控性更强。

线上线下融合教学另一种模式是 OMO（Online Merge Offline）教学模式，简而言之就是"双师课堂"，线上教学由选定"名师"完成，线下教学由现场教师组织完成。这种教学模式在教育机构应用较多，较好地解决了教育资源相对缺乏的问题。

二、雨课堂、智慧树

（一）雨课堂

雨课堂是由清华大学在线教育办公室组织研发的智慧教学解决方案，它将教学过程需要的多种功能通过软件融入 PowerPoint 和微信。雨课堂将课外预习资源通过微信推送给学生，课堂中发送融入 PPT 的习题，其完善的题型设计和灵活的答题方式让课堂互动更加人性化。课堂上可以进行各种师生互动，实时答题、弹幕、课堂红包、随机点名等，软件为传统课堂教学师生互动提供了完美解决方案。雨课堂从课前—课上—课后的多个角度入手，且通过云平台记录全部数据，平台可以给学生和教师提供个性化的报表、自动任务提醒等，让教与学更清晰明了。

雨课堂基于 PowerPoint 设计，教师上手容易，课堂中信息化手段多样，且提供数据记录和分析，在高校中应用较为广泛。由于需要学生扫描登陆，需要手机或平板等支持，因此在中学受到较大限制。

（二）智慧树

智慧树是提供线上线下"混合式教学"服务的大型平台，采用"平台＋内容＋服务"模式，平台上有中国东西部高校课程共享联盟提供的课程，线上为碎片化知识点视频，学生可以根据实际情况灵活安排学习时间；线下可以跨校直播互动和讨论交流，学生可以把线上学习过程中遇到的问题带到教室，与同学、老师讨论。线上资源也支持线下教师上传或录制及根据学生实际情况定制，线下学情也可以反馈记录到平台。

智慧树在高校推广使用，联盟学校间可以实现跨校课程共享和学分互认，可以实现跨校选课选修。智慧树平台可以实现优势资源共享，培养和提升本校教师的教研和专业水平，有利于教师建设课程，实现教学改革，促动人才培养质量提升。

信息技术与教学的深度融合是国家层面顶层设计，是大势所趋，在教学设计和实践中要充分发挥技术对教学的帮助，尽量减少负面干扰。

参考文献

[1] 王磊. 高中物理加速度核心概念学习进阶研究 [D]. 信阳师范学院. 2021

[2] 吴小兵. 高中物理加速度教学策略 [J]. 中学物理教学参考. 2018

[3] 吴洁琳. 浅谈物理实验教学中教法与学法的指导 [J]. 中国校外教育. 2016

[4] 朝斌. 例析初高中弹力教学衔接 [J]. 物理通报. 2010

[5] 左祥胜, 吴春峰. 指向学生"物理观念"形成与发展的教学实践 [J]. 物理教师. 2020

[6] 王文佳. 高中物理力学前概念的转化策略研究—以弹力和摩擦力为例 [D]. 洛阳师范学院. 2016

[7] 李密春. 核心素养导向的高中物理教学设计 [M]. 北京：北京师范大学出版社. 2019.

[8] 中华人民共和国教育部. 普通高中物理课程标准（2017 年版）[S]. 北京：人民教育出版社，2018.

[9] 井涛, 王鹏, 王作华. 基于核心素养的中学生生涯规划教育体系的构建研究 [A]. 十三五规划科研管理办公室. 十三五规划科研成果汇编（第四卷）[C]. 十三五规划科研管理办公室，2018：827–833.

[10] 孔维华. 核心素养视角下高中物理高效课堂的有效构建 [J]. 科幻画报，2022，（12）：20–21.